고맙습니다, 우리 집!

고맙습니다, 우리 집!

초판 1쇄 인쇄 2020년 3월 27일
초판 1쇄 발행 2020년 3월 31일
옮 긴 이 김승일·채복숙
발 행 인 김승일(金勝一)
출 판 사 경지출판사
출판등록 제2019-000090호

ISBN 979-11-90159-23-4 (03190)

판매 및 공급처 경지출판사

주소: 서울시 도봉구 도봉로117길 5-14   Tel: 02-2268-9410   Fax: 0502-989-9415
블로그: https://blog.naver.com/jojojo4

※ 이 도서의 국립중앙도서관 출판시 도서목록(CIP)은 서지정보유통지원시스템 홈페이지(http://seoji.nl.go.kr)와 국가자료공동목록시스템에서
  이용하실 수 있습니다.

고맙습니다, 우리 집!

주허핑(朱和平)지음 | 김승일(金勝一) · 채복숙(蔡福淑)옮김

경지출판사
Korea Wisdom China

新世界出版社
NEW WORLD PRESS

- CONTENTS -

나라와 국민을 위하여

---

1) 첸(錢) : 우리 식으로 읽으면 '전' 인데, 이 '전' 의 의미는 '돈' 이다.

뜻을 굽히지 않다

- CONTENTS -

시기를 맞춰 도모하다

---

2) 문필진한, 시필성당(文必秦汉, 诗必盛唐) : 명(明)대의 많은 문인들이 "문장은 반드시
진과 한을 따르고, 시는 반드시 성당을 따라야 한다" 는 말에서 나옴.

말과 행동으로 모범을 보이다

나라와 국민을 위하여

1
주허핑(朱和平)

제11기·제12기 중국인민정치협상회의 전국위원회 위원이고, 중국인민해방군 공군 소장, 공군지휘대학 전임 부원장이며, 조기경보와 전자전 전문가이다.

주허핑의 할아버지 주더(朱德)는 중국의 위대한 무산계급 혁명가이고, 정치가이며, 군사가이다. 그는 일생 동안 "큰 사랑은 사심이 없고, 큰 효는 나라를 위한다"는 원칙을 견지해 오셨고, "확고한 공산주의 신앙과 공명정대한 당성"을 유지해 오셨으며, "인민을 마음속에 품고 검소한 공복(公僕)으로서의 생활"을 해 오셨다.

1944년 할아버지 주더는 어머니가 세상을 떠나자 비통한 마음으로 「어머니에 대한 회억」이라는 제문을 쓰셨다. 이 제문에서 할아버지 주더는 "계속 우리의 민족과 인민에게 충성을 다 할 것이며, 우리의 민족과 인민의 희망인 중국공산당에 충성을 다 함으로써 어머니와도 같은 많은 사람들이 더 행복한 생활을 누릴 수 있도록 하겠다"고 하셨다.

소박한 음식이지만 배부르면 되고,

깔끔하고 따뜻하게 입을 수만 있으면 된다

-이야기-
소박한 음식

할아버지는 어릴 때 고생을 많이 했다고 자주 말씀하셨다. 한 끼도 배불리 먹어본 적이 없었고, 심지어 9살 나던 해 섣달 그믐날에는 지주의 빚 독촉 때문에 온 집 식구가 사방으로 도망쳐야 했을 정도로 어렸을 때 고생을 많이 겪으셨다. 혁명에 참가하신 후 남정북전(南征北戰)하면서도 어릴 때 단련되어서 "배고픈 줄을 몰랐고, 고생스러운 줄을 몰랐다"고 하셨다.

1949년 중화인민공화국 건국 후, 생활수준은 많이 좋아졌지만 할아버지는 여전히 소박한 음식을 드셨으며 검소하게 지내셨다. 이는 근본을 잊지 않기 위해서였다. 할아버지는 중국은 농업 대국이고, 중국 사람은 대부분 농민이라는 걸 잊어서는 안 되며, 중국공산당원으로서의 책임을 잊어서도 절대로 안 된다고 하셨다. 공산당원의 신앙에서 가장 핵심적인 것은 인민의 이익을 위하는 것이며, 자발적으로 인민을 위하는 것이다.

그러므로 할아버지는 집에 계실 때나 외지로 시찰을 나가실 때도 언제나 우리에게 절대로 낭비해서는 안 된다고 당부하시곤 하셨다. 이처럼 할아버지는 소박함을 유지하셨을 뿐만 아니라 인민대중이 친근감을 느낄 수 있도록 행동하셨다.

50·60년대의 중국은 여전히 어려웠다. 할아버지는 우리에게 일반 사람들과 같이 일반 식당에서 밥을 먹도록 명하셨다. 그리하여 우리는 다른 사람들처럼 쌀밥이나 고기요리를 먹을 수가 없었다. 1962년 어느 날, 할아버지

11

는 취사원에게 옥수수가루에 나물을 넣어 죽을 쑤도록 부탁하셨다. 할아버지는 옥수수가루 죽을 드시며 우리에게 "맛 있느냐?"고 물으셨다. 그때 나는 그 죽이 진짜 맛이 없다고 생각했다.

할아버지는 "우리가 장정을 할 때에는 이런 죽도 먹기가 어려웠다. 지금 마오(毛) 주석도 고기를 드시지 않으며, 전국 인민들과 고락을 같이 하고 계신다. 우리는 마오 주석을 따라 배워 전국 인민들과 고락을 같이 해야 한다"고 하셨다. 오늘 이 죽은 어려웠던 그 시기의 상황을 할아버지가 우리 온 가족에게 가르쳐주시기 위한 조치셨다. 이 식사가 끝나고 나서 할아버지는 우리 몇몇 아이들을 집에서 "내보내셨다". 우리는 각자 자신이 소속된 직장과 학교, 그리고 군중 속으로 돌아갔다. 당시 나는 소학생이었던 데다 부모님이 모두 외지에 계셨으므로 할아버지 신변에 남게 되었다. 하지만 나는 할아버지와 함께 중난하이(中南海)의 작은 간부 식당에서 밥을 먹은 것이 아니라 일반 직원들과 함께 큰 식당에서 밥을 먹었다. 내가 어릴 때 할아버지는 자주 나를 데리고 울안에서 밭을 일구어 채소를 심으셨다. 노동에 대한 개념을 심어주시기 위한 것이었고, 음식을 소중히 여기게 하기 위한 것이었다. 이 전통은 우리 가문에서 40여 년 동안 이어져 내려왔으며, 개혁개방 이후에도 여전히 이어지고 있다. 이는 물질을 얻기 위한 것이 아니라 노동습관을 키우기 위한 것이었다.

나의 아들 주천(朱辰)은 1987년 태어나서부터 1992년 증조할머니가 세상 떠나실 때까지 5년 간 줄곧 함께 살았다. 증조할머니는 우리 주가(朱家)의 가풍을 전해주시려고 식사 때가 되면 밥 한 톨 남기지 못하게 끝까지 지켜보시곤 하셨다. 밥알을 흘리거나 혹은 음식이 구미에 맞지 않는다고 투정을 부리면 "양식과 채소는 조금이라도 낭비해서는 안 된다. 그릇에 담은 음식은 깨끗이 다 먹어야 한다. 난 네가 다 먹을 때까지 지켜볼 것이다"라고 말씀하시곤 하셨다. 그리하여 주천은 어려서부터 양식을 낭비해서는 안 된다는 가풍을 알게 되었다.

증조할머니가 주천을 지켜본 것은 우리가 올바른 길로 나아가고, 나라의 발전과 민족의 부흥을 실현하라는 강렬한 염원에서였다. 전 세대 혁명가들이 개척한 위대한 사업은 대대손손 전승해 나가야 한다. 전 세대 어르신들은 이미 그들의 역사적 사명을 완성하셨다. 따라서 우리 세대는 대담하게 자신의 사명을 떠메어야 하며, 홍색(공산당) 유전자를 영원히 전승해 나가야만 하는 것이다.

원수의 가계부

1949년 10월 이후, 할아버지는 주변의 수행원에게 가계부를 만들라고 하셨다. 월급과 수당, 그리고 각종 지출에 대해 명백히 기록하도록 하셨다. 수당, 옷 구매 비용, 이발비, 석탄, 양식, 밥표, 비누, 구두약 구매 비용, 그리고 병원비, 당비 등이 모두 명확하게 기록되었다. 할아버지는 또 줄곧 당비를 바치셨다. 할아버지의 월급은 400여 위안이었는데, 1%라는 비율에 따라 4위안을 바치면 되었지만 줄곧 10위안씩 바치셨다. 할아버지는 당을 위해서 좀 더 바치고 싶어서 그런다고 말씀하셨다.

처음에 할아버지가 받은 원수의 월급은 700여 위안이었다. 하지만 할아버지는 1957, 1959, 1960년에 세 번이나 자진해서 월급을 삭감하도록 하셨다. 그리하여 월급이 659위안에서 404위안으로 내리게 되었다. 할아버지는 세상을 떠나실 때까지 이 액수의 월급을 받으셨다. 1960년에는 또 식량 정액을 30여 근에서 26근으로 줄이셨다. 우리는 집에 식구가 많았으므로 늘 식량이 부족했다. 그리하여 친척이나 친구들이 손님으로 올 때면 모두 자발적으로 식량 배급표를 가지고 왔다. 우리는 어려서부터 용돈이라는 것을 모르고 자랐으며, 장난감 사는 일도 드물었다. 따라서 명절이나 생일 때가 되면 우리 스스로 선물을 만들곤 했다.

 1964년 할아버지는 당과 국가의 지도자로서 콩고 대통령이 상하이(上海)를 방문하는데 동행하시게 되었다. 그때 할아버지는 주인으로서의 도리를 다 하기 위해 사재를 털어 90여 위안의 선물을 사셨다. 그래서 그 달 우리 집에서는 겨울을 날 석탄을 사야 했지만 지출이 수입을 초과하는 바람에 추운 겨울을 보내기도 했다.

 할아버지는 평생을 아껴 먹고 아껴 썼으며, 새 옷을 사는 일은 아주 드물었다. 군복과 외빈 접대용인 중산복을 국가에서 발급받은 것 외에는 거의 새 옷을 산 적이 없었다. 겉옷 속옷 할 것 없이 모두 깁고 또 기워서 입었다. 1976년 할아버지가 세상 뜨실 때, 우리가 미처 준비를 하지 못하다 보니 새 옷 한 벌을 찾을 수가 없었다. 그러자 최종적으로 할머니가 할아버지에게 외빈 접대용 중산복을 입혀 보내도록 결정하셨다. 그 옷은 자주 입지 않았으므로 새 것처럼 보였다. 하지만 안에 입힌 옷은 모두 여러 번 기운 것들이었다.

우리 같은 아이들은 큰 애의 옷을 작은 애가 물려 입고, 다음에 또 더 작은 애에게 물려주곤 하였다. 나는 애들 중 가장 어리다 보니 항상 낡은 옷만 입었다. 지금도 나는 새 옷에 익숙하지 못하다. 낡은 옷이 몸에 더 잘 맞고 편안하기 때문이다.

할아버지는 평생을 검소하게 사셨고, 세상을 떠나실 때에도 새 옷 한 벌 없었지만 나라와 인민에 대해 돈을 쓰는 데는 인색해하지 않으셨다. 할아버지는 세상을 떠나시기 전에 할머니에게 통장에 남아 있던 20,306위안의 예금을 마지막 당비로서 모두 당에 바치라고 부탁하셨다. 그리하여 할아버지가 세상을 뜨시고 나자 그의 통장에는 한 푼도 남지 않게 되었다. 증국번(曾国藩)은 "관리는 돈을 탐내지 않는 것을 근본으로 해야 한다"고 말한 적이 있는데, 나의 할아버지가 바로 그런 분이셨다. 사실 전 세대의 혁명가들에게는 이런 이야기들이 아주 많다. 예를 들면 마오(毛) 주석, 저우(周) 총리, 리푸춘(李富春) 등 동지들은 세상을 떠나시면서 저금한 돈을 모두 당에 바쳤다. 이는 그 세대가 한평생 추구한 것이 바로 인민을 위해 복지를 마련하고, 민족의 부흥을 도모하는 것이었음을 보여주는 것이다. 우리 공산당원들의 신앙은 빈 말만 하는 것이 아니라 조금씩이라도 실질적인 일을 함으로써 실천하는데 있었다.

덕을 쌓는 일(立德)이 추구하는 핵심이었다

덕(德)은 중화민족이 추구하는 최고의 정신적 가치이다. 그럼 덕이란 무엇을 말하는가? 간단히 말하면 덕은 '1'이고 재능은 '0'이다. 덕이 있어야 그

뒤에 오는 수많은 '0'들이 의미가 있게 된다. 덕도 재능도 다 있으면 사회에 대한 공헌이 클 수 있다. 하지만 덕이 없다면 아무리 재능이 많다 해도 쓸모가 없게 된다. 지금 일부 관리들은 학식이 많고 심지어 과거 사회를 위해 공헌을 많이 했지만, 덕이 없어졌기 때문에 모든 것이 덧없는 것이 되어 버렸다. 덕이란 결코 허무맹랑한 개념이 아니다. 덕은 우리 생활 속의 작은 것들에서 구현된다. 밥 한 끼를 먹어도 그렇고, 어느 한 가지 작은 일을 해도 그렇다. 오직 이 사소한 것들을 제대로 해야 만이 덕의 의의가 있게 되는 것이고, 그것이 내포하는 가치가 체현되는 것이다.

우리 주가 집안은 조상 대대로 농민이었고, 본적은 광동의 사오관(韶关)이다. 후광(湖广)의 인구를 쓰촨(四川)으로 이민시킬 때, 즉 나의 할아버지 위의 제8대에 광동(广东)에서 쓰촨으로 이주했으며, 후에 주가의 집을 지었다. 우리 주가 원적지의 옛집 본채에는 불단을 모시고 있었고, 그 주변에 몇 개의 대련(对联)이 있었다. 그중 제일 바깥쪽 대련은 「주씨가훈」에서 따온 내용이 쓰여 있었는데, "죽 한 그릇, 밥 한 그릇도 쉽게 온 것이 아님을 생각하고, 실 한 가닥, 한 올도 짜기 쉽지 않음을 잊지 말아야 한다(一粥一饭, 当思来之不易: 半丝半缕, 恒念物力维艰)"는 의미였다. 그리고 횡서로 "재원을 개척하고, 지출을 줄여야 한다(开源节流)"가 쓰여 있었다. 이 가훈은 대대로 주가 가족에게 영향을 주었다.

가정은 인생의 제일 첫 번째 학교이다. 근검절약의 소박한 도리는 어려서부터 할아버지에게 깊은 인상을 남겼으며, 이는 그대로 그의 가정교육으로 이어졌다. 할아버지는 어머니가 그에게 튼튼한 몸과 근면한 습관, 생산에 관한 지식, 혁명 의지, 투쟁 경험을 준 것을 늘 고맙게 생각하고 계셨다. 할아버지는 이것이야말로 세상에서 가장 귀중한 재산임을 깊이 깨닫고 계셨던 것이다. 할아버지는 바로 그 어머니의 응원으로 소년시절에 "조국의 안위는 사람마다 책임이 있고, 원대한 포부는 하늘을 찌를 듯하다(祖国安危人有责, 冲天壮志付飞鹏)"는 뜻을 품고 "붓을 던져버리고 종군하여 구 국풍을 쇄신(投笔从戎去, 刷新旧国风)"하고자 힘쓰셨다. 항일전쟁이 발발한 후, 할아버지는 "나라와 민족의 생존을 위해 모든 것을 포기하고 한 마음으로 적을 무찌르겠다"고 다짐하셨다. 할아버지가 보낸 가서(家书)에는 "벼슬과 재물을 바라는 사람은 나에게 찾아오지 말라, 그러나 나라를 위해서는 모든 것을 희생할 수 있고, 고생을 두려워하지 않는 사람은 많이 찾아오라"고 쓰셨다.

할아버지는 우리에게 아무런 물질적 재부를 남기시지는 않았지만, 풍성한 정신적 재부를 남겨주셨다. 할머니의 도덕, 풍모, 신앙, 생활에 대한 태도, 사업에 대한 추구, 그리고 생활 속의 사소한 일들이 한데 모여 자연스럽게 주가의 가풍을 이루었다. 나는 나이가 들수록 어린 시절을 돌아보면서 들어서 몸에 익숙한 가풍을 우리는 대대손손 자세히 음미하고 체득해야 하는 문화유산임을 깨닫게 되었다. 금전적인 재산은 널리 전해질 수 없지만, 정신적인 것, 문화적인 것은 영원히 전해질 수 있다는 것을 체득하게 되었던 것이다.

우리 온 가족이 종합 귀결시켜 만들어 낸 가풍은 "덕을 쌓아 모범을 보임으로써 아랫사람들을 인재로 키우고 근검하게 사는 것(立德树人, 勤俭持

家)"이었다. 근검절약하며 사는 것은 중화민족의 우수한 전통으로 대대손손 전해 내려왔다. 덕을 쌓아 사람을 키우는 것, 특히 덕을 쌓는 것은 할아버지가 혁명에 참가하신 후의 이상과 신념이었으며, 나아가 이를 추구하는 것이었다. 이는 즉 소박하면서도 전통적인 농민가정에 주입된 시대적 요소였고, 신앙적인 요소였다. 이로 인해 우리의 소박한 가풍이 사회적인 의의를 갖게 되었고 그 영향력이 있게 되었으며, 나아가 크나큰 문화적 가치와 전통적 가치를 갖게 되었던 것이다.

-세월에 부쳐-

소박한 음식이지만 배부르면 되고, 깔끔하고 따뜻하게 입을 수만 있으면 된다

"소박한 음식이지만 배부르면 되고, 깔끔하고 따뜻하게 입을 수만 있으면 된다" 이는 할아버지가 입버릇처럼 하신 말씀이었다. 할아버지와 할머니가 세상을 뜨신지 어언 40여 년이 되지만, 그들의 숭고한 정신과 생활 속의 사소한 일들은 줄곧 우리의 기억 속에 남아 있다. "덕을 쌓아 모범을 보임으로써 아랫사람들을 인재로 키우고 근검하게 살아야 한다(立德树人, 勤俭持家)"는 가풍은 내가 직장에서 꾸준히 노력하고 열심히 일하도록 격려해 주었다. 중국은 이미 새로운 시대에 들어섰다. 이 새로운 시대는 우리가 동경해 온 것이며, 그 실현을 위해 분투해 온 것이기도 하다.

나는 나의 아이들과 우리 주가 후대들에게 몇 마디 남기고 싶은 말이 있다. 우리 주가는 중화민족의 수많은 가정들 중 아주 평범한 일반 가정이다.

우리도 다른 가정들과 마찬가지로 먹고 사는 일, 혼인과 생활 등 여러 가지 일들에 부딪치게 될 것이다. 하지만 우리 주가는 훌륭한 가풍과 전통이 있다. 이 가풍에는 중화민족의 우수한 문화가 응집되어 있으며, 또 공산당원의 홍색문화가 주입되어 있다. 그러므로 우리의 가풍은 언제나 승리할 수 있는 가치를 가지고 있다고 할 수 있다. 나는 후대들이 우리 주가 가풍을 대대로 전해내려 갈 수 있기를 바라마지 않는다.

고맙습니다, 우리 집!

2
천쥔빠오(陈君宝)

제3세대 외국적의 중국인으로 싱가포르에 장기 거주하고 있다. 여러 기업의 이사. 중화해외친목회 해외 이사, 싱가포르 천자경(陈嘉庚)기금회 부주석으로 활약하고 있다.

천쥔바오의 할아버지 천자경은 이름난 화교사회의 리더자였고, 기업가였으며, 교육가·자선가 및 사회활동가였다. 할아버지는 일생 동안 "금전을 가볍게 여기고 해야 할 의무를 중히 여겼으며, 신용을 지켰고 결단성이 있었다. 악을 미워하고 선을 좋아했으며, 고향을 사랑하고 나라를 사랑했다." 그는 67년 동안 힘들게 창업해 번 돈으로 샤먼대학(厦门大学)과 지메이대학(集美大学)을 설립해 사람들의 존경을 받았다. 마오쩌둥(毛泽东)은 그를 "화교들의 깃발, 민족의 빛발"이라고 칭송했다. 1990년 국제소행성명명위원회(國際小行星命名委員会)는 천자경이 조국을 위해 거액을 기부해 학교를 설립한 큰 공헌을 기념하기 위해, 1964년 중국과학원 쯔진산(紫金山)천문대에서 발견한 제2963호 행성을 '천자경별'이라고 명명했다.
　써야 할 돈은 얼마나 많이 들든 꼭 써야 하고,
　쓰지 말아야 할 돈은 한 푼도 쓰지 말아야

인색한 부자들

처음 샤먼에 갔을 때 나는 지메이학교 마을과 샤먼대학이 매우 아름답다는 것을 발견했다. 하지만 할아버지의 옛집에는 가구가 세트로 된 게 하나도 없었다. 책상과 의자도 제각각이었고 낡아빠진 것들이었다. 직원들은 그 가구들이 할아버지가 직접 가져다 놓은 것이라고 했다. 그는 학교 주변을 순시하다가도 버리는 물건을 발견하면 가져다 쓰곤 했다. 그의 사무용 테이블은 판자때기에 불과했고, 촛대는 컵을 거꾸로 놓은 것이었다. 나는 놀라움을 금할 수가 없었다.

할아버지의 영향으로 절약은 우리 집에서 대대로 전해지는 원칙이 되었다. 나의 아버지는 올해 101세이다. 우리가 집에서 휴지를 쓸 때면 보통 한 장씩 뽑아 쓰고는 버린다. 하지만 나의 아버지는 매번 절반씩 쓰고 나머지는 두었다가 다음에 다시 쓰셨다. 이버지는 지금도 이러한 습관을 버리지 않고 있다. 이는 우리들에게도 큰 영향을 미쳤다.

우리 집에서는 식사 시 자기 그릇에 담은 음식은 반드시 다 먹어야 하며 남겨서는 절대로 안 된다. 남은 음식이 있으면 두었다가 다음 식사 때 계속해서 먹는다. 나는 딸애에게도 이렇게 교육하고 있다.

우리 이웃에는 나의 딸보다 조금 더 큰 딸이 있다. 이웃에서는 그 딸애가 입고 난 낡은 옷을 우리에게 준다. 입었던 옷이기는 하지만 우리는 아주 달

갑게 받는다. 딸애도 그런 옷을 입는 걸 달갑게 여기며 체면이 깎인다고 생각하지 않는다. 이렇게 주는 옷은 다 좋은 옷이며, 호의로 주는 건데 왜 받지 않겠는가? 딸애가 그런 옷을 입지 말아야 할 이유가 어디 있겠는가?

마음 후한 자선가

할아버지의 고향은 지메이(集美)이다. 그는 9살부터 서당공부를 시작했는데, 17살 때 스승이 세상을 떠나는 바람에 공부를 그만두고 남양(南洋)으로 갔다. 할아버지가 일생동안 교육받은 기간은 그 몇 년밖에 되지 않는다. 싱가포르에 간 그는 현지의 교육상황이 고향과는 선명한 차이가 있는 것을 발견했다. 당시의 싱가포르는 영국 식민지였는데 학생들이 모두 교복을 입고 학교에 다녔다. 이는 그에게 커다란 충격이었다.

할아버지는 여러 가지 장사를 했는데, 모든 상품은 다 일구종(一口钟)이라는 상표를 쓰셨다. 상표의 중간에 중국이라는 중(中)자를 넣었던 것이다. 이 상표의 뜻은 당시의 중국 사람들에게 경종을 울려야겠다는 뜻이었다. 그는 기업 정관에도 천자경회사에서 일하는 것은 중국을 위해 분투하는 것이라고 써넣었다. 그는 이 이념을 기업에 주입시켰다. 할아버지는 국가가 강성하려면 반드시 교육이 발전해야 한다고 느끼게 되었다. 그는 평생을 두고 중화민족이 진보발전하고 강대해지기를 희망했다. 그는 중국이 강대해지려면 반드시 교육부터 시작해야 한다고 생각했기 때문이었다. 그리하여 그는 고향에 돌아가 학교를 설립할 결심을 하게 되었다.

학교를 설립하기 위해 할아버지는 일반인들이 상상하기도 어려운 노력을 하였다. 그때 할아버지는 돈이 아주 많은 것이 아니어서 학교 설립은 그가 경영하는 기업에 영향을 주기도 했다. 1920년대에 있었던 세계의 경제위기로 인해 고무가격이 일락천장하자 할아버지도 커다란 어려움을 겪게 되었다. 영국의 은행은 할아버지에게 샤먼대학에 돈을 보내지 않으면 기업을 지원하겠다고 말했다. 하지만 할아버지는 포기하지 않았다. 그는 "내가 기업을 하는 것은 학교를 위해서이고, 나라를 위해서이다. 학교를 위해서가 아니라면 어찌 기업할 필요가 있겠는가?"하고 말했다. 할아버지에게 있어서 이는 절대로 흔들릴 수 없는 원칙이었다. 샤먼대학의 유지를 위해 그는 결연히 별장 세 채를 팔았다. 이에 누군가가 할아버지를 두고 "가업을 망치면서까지 학교를 세우려 한다"고 했다.

항일전쟁 시기, 할아버지는 일본의 중국 침략을 반대했다. 그는 해외 화교들에게 조국의 항일전쟁을 위해 기부하도록 독려했다. 이에 일본침략자들은 할아버지를 눈에 든 가시처럼 미워했다. 일본 특무대에서 당시 가치로 300만 싱가포르 달러에 달하는 공장을 불태워 버려 그는 막대한 경제적 손실을 입기도 했다. 그래도 할아버지가 학교를 세우려는 결심은 동요되지 않았다. 할아버지의 인도 하에 우리 온 가족이 동원되었던 것이다. 1950년 할아버지는 조국에 돌아와 정착했다. 그는 지메이마을에 살면서 자주 나의 큰아버지와 삼촌, 그리고 나의 아버지에게 편지를 써서 보내셨다. 학교를 확장할 수 있게 돈을 마련해 달라는 것이었다. 할아버지의 편지를 받으면 집 식구들은 어떻게 돈을 마련할 것인가를 토론했고, 결국은 방법을 찾아내어 돈을 보내드렸다.

그때에는 편지를 보내는 것이나 송금이 그렇게 쉽지가 않았다. 하지만 우리는 모든 어려움을 극복하고 할아버지를 도왔다. 할아버지는 가서(家書)[1]에서 학교를 위해서라면 자신은 죽 한 그릇만 있으면 된다고 했다.

온갖 노력을 다 기울였던 실업가

학교를 잘 운영하기 위해 할아버지는 많은 일들을 직접 하셨다. 내가 막 지메이에 왔을 때, 고향사람들은 이 학교들이 모두 할아버지가 직접 설계에 참여해 지은 것이라고 했다. 처음에 나는 그 말이 믿기지 않았다. 할아버지는 공부도 많이 하지 못했고 건축 디자인 학교 같은 데도 다니신 적이 없었으며, 이와 관련한 공부를 하신 적도 없으셨다. 그러니 "어떻게 설계를 하신단 말인가?"하고 의문이 들 수밖에 없었다. 20여 년 전, 내가 마침 샤먼에 있을 때였다. 그때 110세의 노인이 타이완에서 푸저우(福州)로 돌아와 정착했다는 말을 들었다. 그는 칭화(清华)대학 졸업생이고, 우리 할아버지의 요청으로 지메이에서 근 8년을 일하면서 학교를 세웠다는 것이었다. 이에 나는 푸저우로 가 그 노인을 만나보았다. 그 노인을 통해 학교 건물들이 진짜 할아버지가 설계한 것인지, 아닌지를 알아보려고 했다. 그 노인에 따르면, 지메이 학교마을을 건설할 때, 할아버지가 직접 사람들을 이끌고 공사장에 가서 학교를 어떻게 지을 것인가, 규모는 얼마나 크고, 어느 방향으로 지을 것인가를 결정했다고 했다. 직접 측량하고, 어떤 건축 재료를 사용하며, 어떤 색깔로 지을 것인가를 할아버지가 결정했다는 것이었다. 사람들

---

1) 가서(家書) : 자기 집에 보내는 편지.

은 그의 요구에 따라 그림을 그렸고, 그가 마음에 들어 할 때까지 고쳤다는 것이었다. 그리고 나서 도면을 그리고 건축을 시작했다고 했다. 샤먼대학을 건설할 때도 외국 디자이너에게 요청해 방안을 만들었지만, 일일이 훑어보면서 수정해야 하는 부분에 대한 의견을 내놓으셨다는 것이었다. 그러므로 할아버지는 지메이 학교마을과 샤먼대학을 건설하는데 중추적인 일을 하셨을 뿐만 아니라 특별한 디자이너이기도 하셨던 것이다.

교육을 발전시키기 위해 할아버지는 자신의 모든 것을 다 바치셨다. 그는 학교를 건설했을 뿐만 아니라 교사도 초빙했다. 1920년대에 할아버지는 지메이수산물학교를 건설하고, 이 학교를 위해 유럽으로부터 관련 부분 전문 교사들을 모셔왔다. 당시에 유럽으로부터 가장 훌륭한 교사들을 모셔다 학생들을 가르쳤다는 것은 아주 원대한 선견지명이 있는 일이었다. 이는 또 그가 교육을 얼마나 중요시했는가를 보여주는 일이기도 했다.

그럼에도 불구하고 할아버지의 학교 건설은 반대를 받기도 했다. 당시 할아버지는 학교 건물을 건설하는 것 외에도 교육이념을 선전하곤 하셨는데, 그때의 지메이마을은 매우 가난했으므로 많은 사람들이 교육과 지식의 중요성을 알지 못했다. 학교를 짓고 교사를 모셔온 후, 할아버지는 또 고향사람들에게 아이들을 학교에 보내라고 부탁을 해야 했다. 그중에서도 여자아이들이 학교에 다니도록 하는 것이 특히 어려웠다. 고향 사람들을 설득하기 위해 할아버지는 그들의 학비를 받지 않았을 뿐만 아니라, 교복·교과서 그리고 문구를 무료로 주어 학부모들의 부담을 덜어주었다. 또한 성적이 좋은 학생에게는 한 주일에 한 번씩 고기 한 근을 주는 것으로써 격려했다.

참으로 각별히 신경을 썼다고 할 수 있다. 할아버지의 이념이란 바로 교육을 통해 나라를 구하는 것이었다. 교육을 통해 어느 한 가정을 구하는 것이 아니라 나라를 구하자는 것이었다.

할아버지는 아주 훌륭한 실업가였다. 그는 생전에 100여 개의 학교를 건설 혹은 지원하였다. 하지만 세상을 떠날 때에는 자식들에게 재산을 얼마 남겨주지 않았다. 그는 거의 모든 재산을 기부했던 것이다. 세상을 떠나기 전 할아버지는 남은 돈으로 지메이대학에 장학금을 설립했다. 할아버지는 그 후손들이 유능하다면 얼마든지 스스로 살길을 찾을 수 있다고 생각했다. 만약 그 후손들이 무능하다면 재산을 남겨주는 것이 오히려 해로울 수 있다고 생각했다. 오늘날에 와서도 나는 할아버지의 이 같은 행동은 일반인으로서는 아주 어려운 것이라고 생각한다. 할아버지가 이렇게 할 수 있은 것은 그가 아주 특별한 사람이기 때문이다.

우리는 모두 할아버지를 자랑스럽게 생각한다.

통계에 따르면 할아버지가 설립했거나 지원한 학교는 모두 118개 교이다. 그리고 이에 투입된 금액은 오늘의 가치로 따지면 1억 달러 쯤 될 수 있다. 2억 달러는 될 거라고 말하는 사람도 있다. 교육 투자는 기타 투자와는 다르다. 학교에서 양성해 낸 인재가 창조한 재부는 계산할 수 없기 때문이다. 할아버지의 가장 큰 염원이라고 하면 학교를 졸업한 학생들이 모두 지식이 있어 나라를 위해, 사회를 위해 일할 수 있기를 바라는 것이었다.

할아버지가 이 같은 일들을 한 것은 중화민족을 위한 것이었고, 나라를 위한 것이었다. 우리는 모두 그가 이렇게 하는 것을 지지해 왔다.

왜냐하면 그는 언제나 사심이 없기 때문이었다.

오늘날 많은 사람들이 자신이 샤먼대학을 졸업했음을 자랑스럽게 생각한다. 2017년 5월, 푸젠성 대표단이 싱가포르를 방문한 적이 있었다. 당시한 남성은 내가 현장에 있다는 말을 듣고 찾아와서 "저는 샤먼대학 졸업생입니다"고 말했다. 나는 그가 누구인지, 무슨 직장에 다니는지 모른다. 하지만 그가 샤먼대학을 졸업했다는 것에 자긍심을 느끼고 있다는 점만은 알수 있었다. 할아버지가 이 일을 아신다면 아주 뿌듯해 하실 것이라고 생각했다.

-세월에 부쳐-

써야 할 돈은 얼마나 들든 꼭 써야 하고, 쓰지 말아야 할 돈은 한 푼도 쓰지 말아야 한다

나는 1962년에 태어났고, 할아버지는 1961년에 세상을 떠나셨다. 나는 할아버지를 본 적은 없지만 그의 검소한 일생은 우리 가정에 커다란 영향을 주었다. 아버지의 이야기에 따르면, 어느 한 번은 할머니가 집에 있는 낡은 가구를 바꾸려고 했는데 할아버지가 동의하지 않았다. 이에 할머니는 화가 나서 "당신은 바깥에서 학교를 건설하며 그렇게 많은 돈도 다 기부했는데 집에서는 몇 백 원 짜리도 되지 않는 가구마저 사지 못하게 해욧!"하고 말씀하시자 할아버지는 "써야 할 돈은 얼마든지 써도 되지만, 쓰지 않아야 할 돈은 한 푼도 쓰지 말아야 해요!"하며 확고하게 말씀하셨다고 했다. 즉 돈이란 그 숫자로 따지는 것이 아니라 용도로 따져야 한다는 것이었다.

할아버지는 이렇게 말씀하셨고, 또 이렇게 실천하셨던 것이다.

오늘날 할아버지의 정신적인 감화로 인해 우리 천(陳) 씨 집안의 장학사업은 계속되고 있다. 할아버지의 직계 친족은 이미 6대째 400여 명이나 되며, 전 세계 7개 나라에 흩어져 살고 있다. 그들이 모두 중국어를 구사할 수 있는 것은 아니지만, 우리는 그들이 선조의 사업에 대해서 알도록 해야 한다고 생각했고. 또한 이로써 그들의 처신과 일처리에 도움이 될 수 있기를 바라는 마음이다. 또한 그들도 중국의 변화를 볼 수 있도록 해야 한다. 이 수십 년 동안 중국은 커다란 변화를 가져왔다. 그들은 반드시 이를 알아야 한다. 그렇기 때문에 1998년부터 우리는 몇 년에 한 번씩 단체로 지메이에와 학교 측의 행사에 참여하기도 하고, 중국 각지를 두루 돌아보기도 한다. 우리는 이미 8, 9차례나 이 같은 단체 행사를 해왔는데, 인원수가 가장 많았던 것은 2008년이었다. 천가네 후손들은 세계 각지에 널려 있는데 사람마다 각자 생활과 사업을 하고 있다. 그럼 무슨 힘이 그들로 하여금 지메이로 돌아오게 하고 있는 것일까? 무엇이 우리를 뭉치게 하는 것일까? 그것은 우리 후손들이 할아버지에 대해 자긍심을 느끼기 때문이라고 생각한다. 세상에 우리 할아버지와 같은 분이 몇 분이나 될까? 할아버지는 자신의 모든 것을 민족과 나라를 위하는 일에 바치셨다. 그러므로 우리를 뭉치게 하는 것은 혈육의 정만이 아니라 거기에는 선조에 대해 경외하는 마음이 포함되어 있는 것이다.

우리 집안에서 '교육'은 여전히 키워드이다. 나의 사촌 형 천리런(陳立人)은 아버지의 명의로 교육기금을 설립하고 가난한 학생들이 교육받을 수 있도록 했다. 현재 우리 천가네 제4대 후손들 중에는 옌지(延吉)에서 교육지원 교사로 3년째 영어를 가르치고 있는 사람도 있다. 그리고 또 다른 후손인 천문학자는 샤먼대학에서 교수로 일하고 있다. 그는 증조부가 세운 학교에 돌아와 강의하는 것을 아주 즐겁게 생각하고 있다. 제3대, 제4대, 제5대의 천가네 후손들 중에는 교장과 교사가 아주 많다.

  마지막으로 딸애에게 하고 싶은 말이 있다. "너의 증조부, 즉 나의 할아버지는 우리에게 막대한 재부를 남겨 주셨다. 그 재부는 무형의 것이며, 우리들에게 깊은 교훈을 주신 것이다. 절약은 우리가 알아야 할 제일 첫 번째의 도리이다. 절약은 우리에게 '재부'란 무엇인가를 더 깊이 이해할 수 있도록 해 준단다. 사회를 위해 재부를 창조할 줄도 알아야 하지만, 더 많은 사람들이 그 재부를 누릴 수 있도록 할 줄도 알아야 한다. 재부를 사회에 환원함으로서 인생의 가치는 더욱 의의를 갖게 되는 것이다. 시간이 흐름에 따라 증조부에 대한 인상이 점점 더 희미해질 수도 있지만, 생활 속에서는 그가 남겨놓은 근검절약하는 기풍을 더 깊이 느낄 수 있을 것이다. 나는 네가 자주 샤먼의, 지메이에 돌아와 보기를 바란다. 돌아와서 증조할아버지가 남겨놓으신 '성실(诚)과 '굳셈(毅)'에 대해 알아보도록 하거라. 너도 반드시 나처럼 자긍심을 느끼게 될 것이다."
  고맙습니다, 우리 집!

3
첸용깡(钱永刚)

이학석사이며 컴퓨터 응용프로그램 고급 엔지니어이다. 상하이교통대학 첸쉐썬(钱学森)도서관 관장이며 칭화(清华)대학 등 여러 대학의 겸임 교수 또는 객원 교수로 활동하고 있다.

첸용깡의 부친 첸쉐썬은 중국 우주비행 사업을 처음으로 기초한 창시자 이다. 그는 , 동력, 유도, 기동력, 구조, 재료, 컴퓨터 품질 통제 등 분야에서 풍부한 지식과 과학적 성취로 인해 댄 킴벨 전 미국 해군부 부부장으로부 터 '5개 사단의 병력'이라는 별명을 얻기까지 한 인물이었다. 그는 평생 동 안 국가의 이익만을 생각하며 국가의 이익을 위해 개인 이익을 희생했으며, 과학을 중시하고 명리(名利)를 가벼이 여기었다. 그는 중국으로 돌아오기 위해 5년간의 연금생활을 이겨냈으며, 10년 간 중국 우주비행 사업의 발전 을 위해 모든 것을 다 바쳤다. 첸용깡은 부친의 탁월한 과학적 성취보다는 지식인으로서의 곧은 기개가 더 기억에 남는다고 말했다.

나는 첸(钱)씨지만 돈을 좋아하지 않는다

－이야기－

명예와 이익에 담백하고 항상 조국만을 걱정하다

1955년 10월 아버지는 온 가족을 거느리고 미국으로부터 중국으로 돌아와 베이징에서 자리를 잡으셨다. 이듬해 6월에는 소련과학원의 초청으로 소련에 가 학술강연을 하셨다. 이는 그가 귀국 후 처음으로 출국한 것이었다. 그는 한 달 동안 소련의 대학들과 연구기관들에서 강연을 하거나 좌담회에 참가해 소련의 동업자들에게 미국 과학기술의 발전상황에 대해 소개했다. 귀국할 때 소련에서는 그에게 후한 보수로써 감사를 표했다. 아버지는 중국으로 돌아온 후 러시아 황폐인 루블이 두툼하게 들어 있는 봉투를 국가에다 바쳤다. 조국의 사회주의 건설에 쓰라는 것이었다.

1957년 1월 아버지는 중국과학원으로부터 과학상금 1등상을 받는데 상금이 1만 위안이었다. 이는 당시 상황에서 보면 천문학적 숫자나 다름없었다. 그는 이 돈으로 경제 건설 5개년 계획 공채를 구매했다. 1961년 연말 공채가 만기되자 원금과 이자를 합친 11,500위안을 중국과학기술대학에 기부해 교육하는데 필요한 설비를 사도록 했다. 그 해 새학기에 첸쉐썬은 '로켓 기술 개론'이라는 과목을 개강하는데, 강의를 듣는 모든 학생들에게 계산자(計算尺)[2]를 준비할 것을 요구했다. 하지만 많은 학생들은 가정형편

---

2) 계산자(計算尺, slide rule) : 사용자가 수학 계산을 할 때 사용하는 로그눈금을 가진 자와 유사한 장치다. 가장 널리 사용되는 계산자는 서로 맞물려 있는 3개의 눈금자를 사용하는 것으로, 휴대가 가능하다. 중앙의 미끄럼자는 다른 2개의 고정자 사이를 앞뒤로 이동할 수 있도록 되어 있다. 고정자의 눈금에 중앙의 미끄럼자의 눈금을 맞추고 그 눈금들을 읽어 계산한다. 사용자가 어떤 수의 로그값에 비례하는 위치에 그 수를 표시함으로써 눈금을 일렬로 나타내고, 매우 가는 선이 그어져 있는 '투명한' 커서를 움직여 눈금 위에 오도록 한다. 전통 수학자들에게는 애석한 일이지만, 1970년대 중반이 되자 계산자는 휴대용 계산기에 그 자리를 내주어야 했다. 하지만 다른 방식으로의 발전은 기꺼이 받아들여졌다. 계산자는 수학, 기술공학, 과학 분야의 계산에서 중요한 두 가지 결점을 갖고 있었다. 이 장치로는 덧셈을 하기 어려웠으며, 3자리 숫자까지만 정확히 계산해낸다.

이 넉넉하지를 못했다. 당시 계산자의 가격은 한 학생의 한 달 동안의 식비와 맞먹었으므로 2/3의 학생들이 계산자를 살 돈이 없었다. 이 문제를 발견한 아버지는 학교 측에 기부금의 일부로 계산자 100여 개를 사도록 했다.

여기에 또 작은 에피소드가 있다. 문구점의 계산자는 싼 것이 있는가 하면 비싼 것도 있었는데, 학교 측에서는 가장 싼 가격의 계산자를 사들였는데 거의 100개 쯤 되었다. 하지만 이 계산자들을 다 발급하고도 역시 수십 명의 학생들에게는 돌아가지 못했다. 아버지는 이를 알자 학교 측에 충분한 액수의 계산자를 구매해 학생마다 모두 계산자가 있도록 해야 한다고 말했다. 1961년 12월 25일 중국과학기술대학 당위원회는 아버지에게 감사의 편지를 보내 "이 계산자들은 학생들의 경제적 어려움을 덜어 주었을 뿐만 아니라, 그들을 정신적으로 고무 격려해 주었습니다"라고 했다. 그때 계산자를 받은 학생들 중 일부는 지금 과학가로 성장했다. 그때의 계산자는 지금 문물이 되어 있다. 당시 반장으로 있던 한 학생은 졸업 후 학교에 남아 교직을 담당하다가 후에 교수가 되었으며, 역시 '로켓 기술 개론'이라는 과목을 강의했다. 나는 그에게 그때의 그 계산자를 상하이교통대학 첸쉐썬도서관에 기증할 것을 요청했다. 이 계산자의 이야기를 통해 지금의 교사들이 스승으로서의 도리를 따라 배웠으면 했기 때문이었다.

1962년 중국은 매우 어려운 시기에 처해 있었다. 당 중앙에서는 간부들에게 월급을 삭감하여 함께 어려운 고비를 넘길 것을 호소했다. 아버지는 이 일을 알게 되자 즉시 당시의 역학연구소 당지부 서기에게 편지를 보내 조직에서 그의 월급을 삭감해 줄 것을 요구했다. 그는 편지에서 과거부터 줄곧 월급이 너무 높아 삭감해야 한다고 생각해 왔다고 썼다.

왜냐하면 당시 전국 인민들의 생활수준이 모두 낮았으므로 그는 자신의 월급이 지나치게 높다고 생각했던 것이다. 그는 이 기회를 비러 자신의 소원을 이루고자 했던 것이다. 이처럼 그는 자발적으로 학부위원의 수당을 삭제했고, 다시 다른 사람들과 같이 비율에 따라 월급을 삭감했다. 이리하여 그의 월급은 400여 위안으로부터 331위안으로 내려갔다. 그는 80년대 초반까지 이 월급을 받았다.

1995년 아버지는 '허량허리(何梁何利)기금 우수상'을 획득하여 100만 홍콩달러를 상으로 받았다. 어떤 사람들은 그가 이 거금은 남겨둘 것이라고 했다. 하지만 아버지는 여전히 이 상금도 기부하기로 했다. 그는 편지를 써 사막지역 경제발전 기금회에 이 돈을 기부하여 중국 서부지역의 사막 퇴치에 쓰도록 했다.

1985년 미국 대통령 과학기술 고문이며 백악관 과학기술 정책실 실장인 키보스가 중국에 와 첸쉐썬의 미국 방문을 요청했다. 키보스는 첸쉐썬이 일찍이 미국의 과학기술 발전에 크게 기여한 것을 표창하기 위해 미국 국립과학원과 미국 국립공학원에서 원사 직을 수여할 수 있으며, 대통령 혹은 부대통령도 그에게 과학훈장을 수여할 수 있다고 했다. 이에 아버지는 회심의 미소를 지으며 "이건 미국사람들의 술수이지, 나는 전혀 갈 생각이 없기도 하지만 또 대단하게 생각지도 않지."하고 말씀하였다. 그는 과거에 미국 정부로부터 추방되었는데, 미국 정부가 잘못 판결한 것임을 공개적으로 시정하지 않는다면 절대로 미국 땅을 밟지 않을 것이라고 하셨다. 친구가 그에게 이건 커다란 영예이므로 미국의 요청을 받아들이라고 권고하자,

아버지는 "중국 과학자에 대한 평가에 있어서 가장 권위가 있는 것은 미국의 그 어떤 평심위원회가 아니라 중국인민이다, 중국인민이 나 첸쉐썬이 나라를 위해, 인민을 위해 좀 일을 했다고 말한다면 그것이 바로 최고의 포상이다"라고 대답하셨다.

생활은 소박하고 유머적 이었다

아버지가 출근할 때 들고 다니시는 가방은 그가 미국에 있을 때 어느 한 회의에 참석했다가 받은 기념품이었다. 그는 귀국할 때 그 가방을 들고 왔는데 출근하지 않을 때까지 수십 년을 사용해 왔다. 그 가방은 낡아서 여러 번이나 수선을 해야 했다. 사람들이 새 것을 쓰라고 권고해도 듣지를 않았다. 후에 물건이 많아지면서 그에게도 다른 가방이 생겼지만 그 낡은 가방을 줄곧 버리지 않았다. 그 가방에는 과거 중국의 과학 현대화, 국방 현대화에 관한 얼마나 많은 자료와 서류들이 담겨 있었는지 모른다. 이 가방은 중화인민공화국 국방과학 현대화 발전의 견증물로서 1급 문물이라 해도 과언이 아닐 것이다.

에어컨이 아주 보편화 되었을 때에도 아버지는 여전히 부채를 쓰셨다. 사실 집에도 에어컨이 하나 있었는데 어느 해인가 날씨가 매우 더워서 고성능의 것으로 바꾸려 했다. 그러자 아버지는 너무 시끄럽다며 부채를 쓰며 좀 참으면 여름이 지나간다고 말씀하셨다. 이 부채도 너무 오래 써서 못쓰게 되자 접착제로 붙여서 계속 쓰셨다. 그는 일생동안을 이렇게 살아오셨다. 생활의 기준이 낮을수록 좋다고 생각했으며, 생활의 기본 요구를 충족시킬 수만 있다면 된다고 생각하셨다. 그는 낭비를 엄금했고 수리해 쓸 수 있는 것이면 되도록 수리해서 쓰셨다. 더 수리할 수 없게 되어서야 새 것으로 바꾸어 쓰셨다. 지금 상하이교통대학 첸쉐썬도서관에는 이런 부채가 20여 자루 있다. 이는 아버지의 소박한 생활을 그대로 보여주는 것이다.

나는 어릴 때 《십만 개의 무엇 때문에》라는 과학보급서 읽기를 좋아했다. 여름방학에 아버지는 "여름방학 숙제를 내겠다. 하루에 40쪽만 보는 게 어떠냐?"고 말씀하셨다. 처음에 나는 왜 그렇게 해야 하는지를 잘 몰랐다. 왜냐하면 소설을 보면 하루에 100쪽도 넘어 봤기 때문이었다. 후에야 나는 과학보급서는 소설처럼 보아서는 안 된다는 것을 알았다. "모르는 것이 있으면 표기를 해 뒀다가 내가 시간 날 때 물어 보거라."하고 아버지는 덧붙여서 말씀해주셨다. 그때 나에게 있어서 가장 즐거웠던 일은 아버지에게 이것저것 모르는 것을 여쭤보는 일이었다. 내가 아무리 생각해도 이해할 수 없는 것들을 아버지는 몇 마디 말씀으로 분명하게 설명해주시곤 했다. 그 때문에 나는 많은 지식을 쌓을 수가 있었다. 후에 다른 사람들에게 들은 얘기지만, 아버지는 강의를 아주 잘 하신다는 것이었다. 아주 쉬운 말로 어려운 과학의 이치를 설명해 주셨다는 것이다.

어느 한 번은 내가 아버지께 시험에 학교에서 배우지 않은 문제들이 나왔다고 불평을 털어놓은 적이 있었다. 아버지는 허허 웃으시더니 "그런 점을 인식했다고 하니 오늘 시험은 헛본 게 아니구나. 많은 것을 얻은 셈이야. 왜냐하면 시험이란 네가 배운 적이 없는 것도 나올 수 있다는 걸 알았기 때문이지."라고 말씀하셨다. 나는 그런 말씀을 하시는 아버지의 생각에는 확실히 일리가 있다고 생각되었다. 아버지는 "지금 너희들이 치르는 시험에는 다 배운 것들에서 나오지만, 앞으로 사회에 나가면 배운 것만 시험에 나오는 게 아니란다. 사람의 능력이란 이미 배운 것과 아는 것만 시험을 잘 치르는 데서 나타나는 것이 아니라, 모르는 것도 미리 대비하여 시험을 잘 치르는데서 나타나는 법이란다"하고 말씀하셨다. 학교를 졸업하고 일을 하면서 나는 종종 이와 같은 상황에 봉착하게 되었는데, 그때마다 아버지의 말씀을 되새기면서 아주 맞는 말씀이었다고 느끼곤 했다.

우리는 온 가족이 함께 있은 시간이 많지가 않았다. 아버지와 어머니는 가끔 함께 계실 때면 레코드나 가곡을 들으셨다. 그럴 때면 아주 특별한 분위기로 접어들곤 하였다. 만년에 부모님 음악에 대해 자신들 나름대로의 이해를 서로 말씀하시면서 교류하기를 좋아하셨으며, 국내 문학의 새로운 작품에도 관심을 가지시면서 중국문화의 발전에 대해 이해하려고 애쓰시는 모습을 보곤 하였다. 아버지는 과학자였지만 여러 가지 면에 대한 이해를 하는데 흥미를 가지고 계셨다.

아버지와 어머니는 생활을 하시면서 아주 유머적이셨다. 아버지는 만년에 병상에 누워 계셨는데, 어느 한 번은 어머니가 아버지를 대신해 상을 받으러 가시게 되었다. 떠나기 전 어머니는 아버지에게 "나 당신 대신 상 타러가요, 이틀 동안 옆에 없으니까 그 사이 잘 있어요, 그리고 먼저 말해두지만, 부상으로 나오는 돈(钱)은 내가 가질 것이고, 상(奖)은 당신이 가지는 겁니다."라고 말씀하셨다. 그러자 아버지는 "그렇게 해요. 돈(钱, 중국어 발음은 첸)은 당신 거고, 장(蒋)은 내겁니다."라고 위트 있게 말씀하셨다. 즉 나의 아버지는 성이 첸(钱)씨이시고, 어머니의 성은 장(蒋)씨였는데, '첸'은 곧 돈 전(錢) 자이므로 상금을 의미하는 것이었고, 상(奖)과 장(蒋)은 중국어로 같은 발음이었기에 장 씨인 어머니는 곧 내 것이니까 어머니가 상금을 가져가 봐야 결국은 내 것이라는 유모적인 내용이 들어 있는 대화였던 것이다. 이러한 두 분의 이야기를 들으며 나는 재미있기도 했고 많은 것을 배우기도 했다.

-세월에 부쳐-

나는 첸(钱)씨지만 돈을 좋아하지는 않는다

아버지는 생활이 아주 소박하셨다. 이는 사실 중국 지식인들의 아주 우수한 미덕이었다. 다시 말해 지식인들의 역사적 사명감을 보여주는 것이라고 생각한다. 서한(西汉) 때 곽거병(霍去病)은 "흉노를 궤멸시키지 못했는데 어찌 집에 대해서 생각을 하겠는가?(匈奴未灭, 何以家为 ?)"라고 했다. 항일전쟁 시기에는 "천하의 흥망은 사람마다 책임이 있다(天下兴亡, 匹夫有责)"라고 했다. 우리 첸 집안의 가훈에는 이런 말이 있다. "한 사람에게 유리한 일은 도모할 필요가 없지만, 천하에 유리한 일은 반드시 도모해야 한다(利在一身勿谋也, 利在天下者必谋之)" 이 가훈은 후손들에게 지식인이라면 나라와 민족에 대한 역사적 사명감이 있어야 한다는 것을 알려주는 말이다. 아버지도 이와 비슷한 말을 하신 적이 있다. 1987년 아버지는 중국과학기술협회 대표단을 이끌고 영국을 방문하신 적이 있었다. 당시 영국의 중국대사가 아버지께 중국 유학생들을 위해 몇 마디 말씀을 해줄 것을 부탁했다. 이에 아버지는 "아편전쟁도 이젠 100여 년이 지났습니다. 그 사이 중국 사람들의 강국에 대한 꿈은 한 번도 멈춘 적이 없습니다. 혁명 선열들은 강국의 꿈을 실현하기 위해 생명까지 바쳤습니다. 나는 염황(炎皇) 자손의 일원으로서, 선열들의 발자취를 따라 온갖 어려움 속에서도 연구를 계속하고 있으며, 다른 것을 고려할 틈이 없습니다."라고 말씀하셨다.

현재 나는 상하이교통대학 첸쉐썬도서관 관장이다. 이 도서관은 개관 이래 이미 백 여 만 명의 참관자들이 다녀갔다. 참관자들에게 해설을 할 때마다 나는 그들이 전 세대 과학자들의 생애와 사적을 통해 중국 사람으로서, 또 지식인으로서의 역사적 사명감을 수립할 수 있기를 바랐다. 또한 학생 시절에는 기회를 소중히 여기고, 성장해서는 나라와 사회를 위해 일할 수 있기를 바랐다.

아버지에 대해 평가하라고 한다면, 한편으로는 그리 좋은 아버지는 아니었다고 할 수 있다. 아버지는 나에게 많은 것을 주시지 않았다. 아버지가 나에게 좀 더 많은 것들을 주셨다면 오늘의 첸용깡은 좀 더 능력이 있는 사람이 되었을지도 모른다. 하지만 다른 한편으로 나는 또 매우 훌륭한 아버지라고도 생각한다. 그 시기 아버지는 업무적인 스트레스가 매우 컸음에도 불구하고 아주 효율적으로 나에게 올바른 인간이 되도록 기본 교육을 해주시었다. 그리하여 내가 최소한 사회가 받아들여주는 사람으로, 사회에 유용한 사람이 되도록 하게 해주신데 대해 아주 만족한다.

아버지는 만년에 나와 이런 이야기를 한 적이 있다. "네가 학교 다닐 때는 내가 확실히 너무 바빠서, 너에게 신경 쓸 시간이 전혀 없었다. 하지만 나도 이런 생각은 한 적이 있단다. 내가 만약 주말마다 수학이나 물리, 화학 문제를 하나씩만 내주었어도 네가 대학입시를 통해 가고 싶은 대학에 들어

갈 수 있었을 텐데 하고 말이다". 그때 그 말을 듣고 나서 나는 얼마나 감동되었는지 모른다. 아버지는 아버지 나름대로 아들이 잘되기를 바라셨던 것이고, 남의 아이들과 마찬가지로 가장 좋은 대학에 입학해 앞으로 나라와 사회를 위해 더 많은 공헌을 할 수 있기를 바라셨던 것이다. 하지만 사람의 정력은 제한되어 있으며, 모든 일을 빈틈없이 다 잘할 수는 없는 법이다. 속어에 얻는 것이 있으면 반드시 잃는 것도 있다고 했다. 나는 여기서 말하는 "잃은 것"이 무엇인지 잘 안다. 국가가 필요로 하는 것을 완수하기 위해 아버지는 자녀 교육을 포기하셨던 것이었다. 그렇기 때문에 나는 지금도 아무런 원망도 하지 않는다.

지금 사회는 나에게 부정적인 영향을 주지도 않고 줄 수도 없다. 그래도 나는 그나마 다행이라고 생각되는 점이 하나 있다. 그것은 바로 아버지와 어머니의 나에 대한 교육이었다. 부모님은 나에게 명리(名利)에 대해 명석한 인식을 갖도록 하여 지금 사회에서 발붙이고 살 수 있도록 해주셨다. 이 점을 생각할 때마다 나는 부모님께 고마운 마음을 금할 수가 없다.

고맙습니다, 우리 집!

4
까오빙한(高秉涵)

1948년 전란으로 타이완에 간 후 70년 동안 고향을 잊지 못하고 있다가 1991년부터 노병(老兵) 100명의 유골을 고향으로 가져왔다.

까오빙한의 외조부 쏭사오탕(宋绍唐)은 청조 말년의 제일 마지막 국비 유학생 중 한 사람이고, 어머니 쏭수위(宋书玉)는 지난(济南)제1여자고등사범학당 졸업생이다. 청나라가 멸망한 후, 쏭수위와 그의 남편 까오진시(高金锡)는 일본에 유학갈 수 있는 기회를 거절하고 산동(山东) 허쩌(菏泽)의 농촌에서 신식 소학교를 설립해 향촌교육에 이바지했다. 까오진시는 전쟁 중 일찍 세상을 떠났고, 쏭수위도 1978년 아들이 귀향하는 것을 보지 못하고 세상을 떠났다. 하지만 그녀가 아들에게 한 그 한 마디는 연줄처럼 고향에 대한 그리움을 끌어왔고, 끝내는 그가 고향에 돌아오도록 했다.

꼭 살아남아야 한다, 엄마는 네가 돌아오기를 기다릴 것이다

-이야기-

어려서 집을 떠나 홀로 타향살이를 하다

나는 1935년 산동 허쩌에서 출생했다. 1947년 아버지가 전쟁 중 세상을 떠나셨다. 어머니는 내가 혹시라도 생명이 위험할까봐 산동의 '망명학교'를

따라 남방으로 가라고 했다. 집에서 나오며 어머니는 나에게 아버지가 남긴 펜을 주며 "어떤 상황에서라도 공부하는 걸 잊지 말거라, 오직 공부를 해야만 나라를 구할 수 있다"라고 말씀하셨다. 1948년 음력 8월 초엿새 되던 날 밤, 어머니는 나의 손을 잡고 아버지의 무덤 앞으로 갔다. 어머니는 나에게 아버지께 세 번 절하고 작별인사를 하라고 했다. 어머니는 아버지에게 아들이 남방으로 가게 되었으니 무사히 돌아올 수 있도록 보호해 달라고 빌었다. 그리고 나서 우리는 다시 할머니가 계시는 울안으로 돌아왔다. 그때는 이미 새벽녘이었다. 어머니는 할머니를 깨우지 않았다. 내가 장손이었으므로 할머니가 마음이 아파하실까봐 걱정해서였다. 어머니는 나에게 할머니가 계시는 집안을 향해 세 번 절하게 했다. 그리고 나서 나를 데리고 시내로 가는 차를 태워주셨다. 시내에는 외할머니네 집이 있었다. 외할머니네 집 울안에는 석류나무가 있었다. 그때는 마침 추석 때인지라 석류가 익을 때였다. 떠날 때 외할머니는 "췬성(春生)아, 석류를 가지고 가다가 차에서 먹거라"하시면서 석류 몇 개를 주셨다. 나는 오른 손에는 석류를 들고, 왼 손은 어머니의 손을 잡고 동관(东关) 밖으로 나갔다. 차에 오른 나는 잘 익어서 터진 석류를 먹기에 급급해졌다. 그러다보니 어머니가 나에게 작별인사를 하는 것마저 보지를 못했다. 마차가 거의 30미터 쯤 나가서야 같은 차에 앉은 학우가 "까오빙한, 너 엄마가 작별인사를 한다"고 말했다. 그때에야 나는 눈을 들어 밖을 내다보았다. 그런데 마침 차가 모퉁이를 도는 바람에 어머니의 모습이 더는 보이지 않았다. 나는 목 놓아 울면서 석류를 버렸다. 그때부터 나는 평생 동안 다시는 석류를 먹지 않았다. 석류만 보면 어머니 생각이 났기 때문이다.

집을 떠난 후, 나는 '유망(流亡)학교'3의 다른 사람들과 더불어 6개 성 2000여 Km를 돌아다녀야 했다. 여로에서 나는 줄곧 어머니의 부탁만 생각했다. 어머니는 내가 돌아오기를 기다리겠다고 했었다. 그때 나는 13살이었다. 나는 아무것도 모르고 그냥 사람들을 따라다니기만 했다. 그렇게 거의 1년을 돌아다니다가 샤먼(廈門)에 도착해 타이완으로 가는 마지막 배를 탔다. 그런데 그 배가 태풍을 만나 해상에서 닷새나 떠돌아다닐 줄이야 누가 알았겠나? 많은 사람들이 배고픔으로 정신을 잃은 가운데 배는 겨우겨우 타이완에 도착했다. 도처에는 모두 난민으로 가득했다. 나는 타이베이 기차역에서 떠돌았는데, 밤이면 맨땅 위에서 잠을 잤다.

기차역의 서남쪽에는 커다란 쓰레기장이 있었다. 아침이면 나는 몽둥이를 들고 쓰레기장에서 개와 먹을 것을 다투었다. 이런 생활이 대략 석 달 동안 지속되었는데 나는 끝내 굶어죽지 않고 살아남았다. 그러다가 마지막 날 기차역에서 소학교 교장 선생님을 만났다. 그는 한눈에 나를 알아보시고는 말씀하셨다. "너 공부를 해야지, 엄마 생각만 해서는 아무 소용도 없다. 이미 타이완에 왔으니 한평생 고향에 돌아갈 수 없을지도 모른다."고 했다. 나는 타이완에서 다시 중학교 1학년에 입학해 아르바이트를 하면서 공부했다. 중학교 3년과 고등학교 3년 동안 누구도 돌봐주는 사람 없어 굶기를 밥 먹듯이 했다. 그러다보니 위에 탈이 나 위출혈이 오기까지 했다. 중학교 3학년 때부터 나는 여위기 시작했는데 지금까지 체중이 90근(45Kg)을 넘어 본 적 없다.

---

3) 국민당의 탄압을 피해 원래 있던 학교를 떠나 안정된 근거지를 찾아 학생들을 이동시키며 교육하던 간이 학교.

집 생각이 날 때면 너무 힘들었는데 명절이면 더 했다. 섣달 그믐날과 정월 초하룻날 아침, 가족이 있는 사람들은 모두 한자리에 모였지만 나는 정월 초하룻날 새벽이면 홀로 관인산(观音山)에 올라가 대륙 쪽을 향해 울며 소리쳤다. "엄마! 보고 싶어! 나 돌아가고 싶어!" 나는 어머니가 생각날 때면 편지를 쓰곤 했다. 어머니에게 하고 싶은 말들을 몽땅 편지에 써 넣었다. 그 편지가 갈 수 없다는 것을 뻔히 알면서도 그렇게 편지를 쓰고 나면 마음이 편해지곤 했다. 편지는 다 쓰고 나서 찢어버렸다. 왜냐하면 그때에는 집 생각을 하는 것도 죄가 되기 때문이었다. 나는 아는 사람에게 부탁해 홍콩에서 산동 허쩌의 지도를 샀다. 집 생각이 날 때마다 그 지도를 보곤 했다. 향우회 모임이 있을 때에도 그 지도를 가지고 갔다. 막 타이완에 갔을 때, 향우회 모임 때면 정식으로 시작하기 10분 전에 사람들이 모여서 아무 말도 안하고 먼저 한바탕 울곤 했다. 나는 고향 사투리도 줄곧 잊지 않았다. 고향 사투리를 들으면 마음이 편해지곤 했다. 후에 내가 향우회 회장을 맡자 회원들에게 만나면 꼭 고향 사투리를 구사하자고 했다. 고향 사투리를 많이 한 사람에게는 상을 주는 것으로 격려했다.

사람은 나이가 많을수록 오히려 더 고향생각이 나는 법이다. 타이완과 대륙 양안이 개방되었을 때, 어머니는 이미 세상을 떠났다. 나는 동생에게 어머니가 무얼 남겼는가 하고 편지로 물었다. 동생은 어머니가 입던 옷 한 견지(繭紙, 솜옷 하나)를 나에게 보내주었다. 나는 그 옷을 타이완에 있는 내 서재에 두었다. 어머니가 생각날 때마다 그 옷에 얼굴을 묻는 것으로 어머니와 함께임을 나타내곤 했다.

희비가 깃든 가서, 그리고 고향의 맛

1979년 변호사가 된 나는 스페인에 회의 참가 차 가게 되었다. 이 회의에 대륙의 대표단도 온다는 말을 들은 나는 어머니에게 편지를 썼다. 회의에 참석한 대륙사람들이 편지를 고향에 있는 어머니에게 보내주었으면 해서였다. 하지만 스페인에 가기 전 타이완 당국은 우리에게 대륙 사람들과 만나지도 말고, 이야기도 하지 말라는 '여섯 가지 금지' 규칙을 엄격히 지켜야 한다고 경고했다. 그 때문에 나는 감히 대륙사람들에게 편지를 건네지 못했다. 그리하여 하는 수 없이 편지를 미국에 있는 친구에게 보내 다시 고향으로 부쳐달라고 부탁했다. 이듬해 나는 큰누나의 답장을 받았다. 편지는 미국에서 홍콩으로 부쳐졌고, 홍콩에 있는 친구가 다시 나에게 넘겨주었다. 편지를 받은 그 날 나는 감히 봉투를 뜯지 못했다. 내가 떠날 때에도 어머니는 몸이 별로 좋지 않았다. 그런데 어언 수십 년이 지났으니 어머니가 세상을 떠나셨다고 하면 나는 오히려 희망을 잃게 되지나 않을까 싶어서였다. 편지 봉투를 뜯기 전까지 어머니는 영원히 내 마음속에 살아계시기 때문이다. 그날 나는 편지를 가슴 속에 품고 봉투를 뜯지 못했다. 이튿날 아내가 봉투를 뜯어 편지를 읽어주었다. 편지에서는 어머니가 1978년에 세상을 떠나셨다고 했다. 거기까지 듣고 나는 그만 읽으라고 했다. 집에 편지를 보내고 처음 받은 답장이었지만, 나는 얼마나 후회했는지 모른다. 이 답장이 없었다면 어머니는 영원히 내 가슴 속에 살아계셨을 터이니까 말이다.

어머니가 계시는 곳은 고향이다. 어머니가 계시지 않으면 고향이 바로 어머니이다. 고향땅은 내 생명의 근원지였으며 내가 태어난 곳이었다. 나는 어머니를 사랑하는 만큼 고향을 사랑한다. 1980년 아르헨티나에 이민 간 고향 친구가 허쩌에 친척 방문을 간다고 하면서 특별히 타이완에 들러 나를 찾아왔다. 부탁할 것이 없느냐는 것이었다. 나는 "고향의 흙 한 줌만 가져다 주세요."하고 그에게 부탁했다. 과연 그는 고향의 토산품을 가져왔을 뿐만 아니라 거의 3킬로그램이나 되는 허쩌의 흙을 가져왔다.

그날 타이완에 있는 허쩌 사람들 모두가 타이베이에 모여 그 고향친구로부터 고향 견문을 듣고 토산품을 나누어 가졌다. 즉 한 사람이 두 개씩 고향의 구운 떡을 나누어 가졌다. 그리고 제일 마지막에 이 3킬로그램의 흙을 나누었다. 모두들 흙이 토산품보다 더 중요하다고 생각해 변호사인 내가 공평하게 나누라고 했다. 나는 숟가락에 흙을 담은 후 다시 젓가락으로 평평하게 해서 나누었다. 근 200여 명이 되는 사람, 몇 십 가구는 될 사람들이 줄을 서서 한 가구에 한 숟가락씩 이 흙을 나누어 가졌다. 흙을 받는 사람들은 한편으로는 웃으면서 한편으로는 눈물을 흘리며 "어머니"를 불렀다. 어떤 사람들은 아예 무릎을 꿇고 앉아 "아버지!" "어머니!"를 불렀다. 그 중 한 사람은 85세였는데 내가 준 흙을 받고 돌아서는 순간 손이 떨려 그만 흙을 쏟고 말았다. 그러자 그는 바닥에 주저앉아 큰 소리로 울어댔다. 나는 "울지 마세요. 제걸 절반 나눠 드릴게요."라고 했다. 그날 앰블란스가 두 노인을 병원으로 호송했다. 심장이 좋지 않은데다 너무 격동되었던 것이다. 노인들은 흙을 나누어 가진 것이 마치 어머니를 만난 듯한 감정이었던 것이다. 집이란 얼마나 중요한 것인가! 그날 나는 흙을 잘 나누어 준 공로로 흙을 한 숟가락 더 갖게 되었다. 나는 그 중 한 숟가락은 은행의 금고에 넣어 두고, 다른 한 숟가락은 일곱 번으로 나누어 찻잔에 담아 젓가락으로 휘저어 마셨다. 그 일곱 잔의 물을 마시면서 나는 많은 눈물을 흘렸다. 그 눈물은 일곱 잔의 물보다 훨씬 더 많았을 것이다. 세상에는 흙이 많고 많지만 고향의 흙만큼 소중한 게 어디 있겠는가? 더구나 집 떠난 나그네에게 있어서는 더욱 그러했다. 고향의 흙이 들어 간 물을 마시고 나니 마음이 한결 편안해 진 것 같았다.

고향에 대한 그리움이 한꺼번에 많이 풀린 것 같았다. 고향의 흙은 집 떠난 나그네가 고향에 대한 그리움을 치료하는 약이다. 나는 산동에서 13년간 살고 타이완에서 70년을 살았다. 하지만 집에 대한 이야기만 나오면 바로 머리에 떠오르는 것은 여전히 고향 허쩌이다. 집 이 생명의 근원은 그 어느 곳도 대체할 수 없는 것이다. 집은 긴 연줄처럼 나를 단단히 비끄러매고 있다. 집은 참으로 중요하다. 집은 우리의 뿌리이기 때문이다.

고향 사랑으로 사회에 효도를 다 하다

내가 제일 처음으로 고향집에 돌아간 것은 1991년 5월 1일이다. 나는 이 날짜를 아주 분명하게 기억한다. 나는 동생에게 같이 가자고 했다. 오랜 세월이 흘렀으니 고향 마을을 찾을 수 없을까 걱정되어서였다. 그날 소슬 비가 내렸다. 고향 마을은 시내에서 30리 쯤 떨어져 있었는데 모두 흙길이어서 아주 미끄러웠다. 처음에 나는 기사에게 차를 빨리 몰아달라고 졸랐다. 한 걸음에 고향집에 달려가고 싶었던 것이다. 하지만 고향마을에 다가갈수록 나는 가슴이 뛰는 것을 느꼈다. 심장은 나의 가슴 속에서 튀어나올 듯 격렬하게 뛰었다. 나는 다시 기사에게 차를 천천히 몰라고 했다. 기사가 나를 흘겨보더니 "아까는 자꾸 빨리 몰라고 하더니 이번에는 왜 천천히 가자고 하십니까?"하고 불만스레 말했다. 그 말에 나는 뭐라고 달리 대꾸할 수가 없었다. 기사는 차를 천천히 몰았지만 곧 마을 동쪽에 다 달았다. 나는 차에서 내려 그 자리에 쭈그리고 앉아서는 머리를 싸안고 펑펑 울었다. "고향이 가까워질수록 더욱 두려운 마음이 든다"라는 말이 있다. 그날 그때 나는 이 말이 얼마나 적절한 표현인가 하고 깨닫게 되었다. 원래 나처럼 집에 돌아갈 수 있는 희망이 없던 사람이 갑자기 돌아갈 수 있게 되었으니 과연 '두려움'부터 앞서게 되었던 것이다. 나는 마을의 서쪽으로 가보았다.

거기에서는 몇몇 노인들이 담배를 피우고 있었다. 그중 한 노인이 "누구를 찾소?"하고 묻는 것이었다. 나는 까오춴성을 찾는다고 대답했다. 까오춴성은 나의 아명(兒名)이다. 그 노인은 "까오춴성은 외지에 나가 죽었어요.

죽은 지 수십 년이나 됐지요"하고 대답했다. 나는 그 노인의 얼굴 모습을 찬찬히 뜯어보니 어쩐지 나의 작은 할아버지 같았다. 하지만 나는 작은 할아버지의 정식 이름을 모르고 있었다. 다만 그의 아명이 싼롼(三乱)이라는 것만은 기억하고 있었다. 그래서 "싼롼은 계십니까?"하고 물었다. 그러자 그는 "당신 누구요?"하고 되물어왔다. "제가 바로 까오춴성이에요". 우리 둘은 얼싸안고 웃기도 하고 눈물을 흘리기도 했다. 작은 할아버지는 "우리는 네가 타향에서 죽은 지 오래된 것으로만 알았다. 그래도 용케 살아 있었구나!"하고 말했다.

나의 부모님은 젊어서 유학을 갈 수 있는 기회를 포기하고 고향으로 돌아와 신식 소학교를 세우셨다. 그래서 나는 어려서부터 소학교에서 살았다. 어머니는 항상 자신이 모범을 보이는 것으로서 나를 교육했다. 어머니는 언제 "소아(小我)를 희생해 많은 사람들을 위해 의무적으로 일하라"고 했다. 나는 어려서부터 부모님들의 이 같은 영향을 많이 받아왔다. 어머니는 나에게 나라를 구하고, 나라를 위해 일하려면 먼저 공부를 잘해야 한다고 말씀하셨다. 나는 어머니를 사랑하고, 고향을 사랑하며, 조국을 사랑한다. 이는 핏줄을 통해 이어지는 감정이다. 나는 공부를 해서 여기까지 왔지만 어머니는 그만 세상을 떠나셨다.《효경(孝经)》에 "우리의 몸은 부모님께서 주신 것이니 함부로 다루지 않아야 하고 소중히 여기는 것이야말로 효도의 시작이다(身体发肤, 受之父母, 不敢毁伤, 孝之始也)"라고 했다. 이 말대로라면 나는 이 가장 기본적인 효도는 한 셈이다. 비록 위험했던 적이 많았지만 살아서 돌아왔기 때문이다. 하지만 아쉽게도 어머니는 나를 기다리시지 못했다.《효경(孝经)》에는 또 "몸을 세워 도를 행하여 후세에 이름을 날림으로써 부모님의 명성을 높이는 것이 효도의 끝이다(立身行道, 扬名于后世, 以显父母, 孝之终也)"라고 했다. 이는 효의 최고점이라 할 수 있다. 나는 어머니 앞에서 효성을 다하지 못했으니 그 효를 사회로 옮겨 나라를 위해 효를 다할 것이라 생각했다. 나는 내 생명으로 조금이나마 빛을 뿌려 미처 고향에 돌아가지 못한 노병들의 길을 밝혀주어야겠다고 생각했다. 나는 타이완에서 같은 고향 사람들을 적지 않게 만났으므로 내가 선택한 방향이 틀리지 않았다고 생각한다. 그들은 살아서는 집 떠난 나그네였지만, 죽어서는 객사하는 귀신이 되어서는 안 된다는 것이 소원이었다. 나무는 천 자나 높을 수 있지만 낙엽은 뿌리로 돌아간다고 했다. 몸이 돌아갈 수 없으면 영혼이라도 돌아가야 하는 것이다. 그들은 나와 손잡고 타이완에까지 왔다. 이제 나는 그들을 안아 고향에 데려왔다.

노병들을 고향에 돌려보내는 일은 1991년부터 시작해 이미 20여 년을 계속해 왔다. 이는 내 후반생에서 소원을 성취한 것이라고 말할 수 있다. 그들

의 유골을 받고나면 나는 마음이 편했고 잠도 잘 잤다. 이 노병들의 유골을
수령하려면 수속을 밟아야 했다. 아주 번잡한 수속이었다. 나는 그들의 유
골을 받고나면 우선 집에 가져다 놓았다. 가장 많게는 여덟 사람의 유골을
놓아두기도 했다. 그러자 위층에 사는 이웃들이 항의를 해오기도 했다. 그
들은 "까오 변호사가 이제는 법사(法師) 노릇도 하는가?"하고 비꼬기도 했
다. 그렇지만 나는 노병들의 유골을 안고 고향으로 가서 그들의 영혼을 고
향에 안치하고 나면 아주 마음이 편해졌다. 만약 그들에게 가족이 없으면
생전의 말에 따라 유골을 고향 마을 주변에 뿌려주었다. 유가족이 있으면
유골단지를 그 유가족에게 넘겨주었다. 유가족에게 노병의 유골을 넘길 때
면 나는 얼굴로 유골단지를 비벼대며 "안녕히…!"하고 말했다. 왜냐하면 그
들과는 황천에서 다시 만나게 될 테니까…

-세월에 부쳐-

꼭 살아남아야 한다, 엄마는 네가 돌아오기를 기다릴 것이다

집 떠나기 전 차에 오르기에 앞서 어머니는 내 귀를 비틀며 "얘야! 너 꼭
살아남아야 한다, 엄마는 네가 돌아오기만을 기다릴 것이다"라고 말했다.
이는 어머니가 나에게 한 마지막 말이었다. 어릴 때 사람들과 같이 타이완
에 가느라 2000여 Km를 배회해야 했다. 그때마다 어머니의 이 말이 언제나
떠오르곤·했다. 결국 나는 살아서 돌아왔지만 어머니는 나를 기다리지 못
하시고 세상을 떠나셨다. 나는 어머니에게 물 한 컵 올릴 기회마저 없었다.

지난해 나는 손녀를 데리고 고향에 가 성묘했다. 나도 이제는 나이가 많다

보니 이렇게 할 수 있는 기회가 얼마 남지 않은 것을 알기 때문이었다. 나는 후손들에게 "낙엽은 뿌리로 돌아간다. 할아버지의 뿌리, 할아버지의 생명의 원천은 산동 허쩌에 있다. 그곳이야말로 너희들의 고향이고, 너희들의 뿌리란다"라고 말해주고 싶었다. 또한 그들에게 "근본을 잊어서는 안 된다"고 말하고 싶었다. 나의 유골도 산동 허쩌로 보내질 것이다. 후손들이 수시로 고향에 가 보고, 고향에 가 조상들을 보고, 자신의 뿌리를 보았으면 하는 바람이다.

고맙습니다, 우리 집!

5
치우청통(丘成桐)

25세 때 미국 스탠퍼드대학 교수였고, 27세 때는 칼라비 추측[4]을 증명했으며, 33세 때에는 필즈상[5]을 수상한 첫 중국인이다.

치우청통의 아버지 치우전잉(丘镇英)은 철학 교수로, 홍콩중문대학 개교 시 개설한 서원 중 하나인 총지(崇基)대학에서 일했다. 가정형편이 어려웠지만 치우 씨 네는 일관되게 중국 지식인의 기개를 지켰으며, 아이들이 어려서부터 책을 벗으로 삼도록 가르쳤다. 치우청통은 미국에서 열심히 연구하여 '수학의 황제'라는 미명을 얻었으며, 1994년 홍콩중문대학에 수학연구소를 건립한 뒤를 이어, 중국과학원, 저장(浙江)대학, 칭화(清华)대학에도 잇따라 수학과학연구센터를 설립했다. 그의 동생인 치우청동(丘成栋)도 이름난 수학자인데 형의 영향을 받아 2011년 해외 영구 교수직을 사임하고 칭화대학에서 교편을 잡았다.

'공자와 안회의 즐거움을 찾고, 큰 뜻을 품어야 한다'

---

4) 칼라비 추측(Calabi conjecture) : 칼라비-야우 다양체(Calabi·Yau manifold)라는 개념을 도입한 것인데, 그 결과 여러 차원이 복잡하게 얽혀 있는 기하학적 대상을 수식으로 표현할 수 있게 되었다. 또한 칼라비-야우 다양체는 이론물리학의 최신 경향인 끈 이론에서 시공을 축소화하여 숨겨진 여분 차원을 밝혀내는 데 중요하게 활용되고 있다.

5) 필즈상은 매 4년마다 열리는 세계수학자대회(International Congress of Mathematicians (ICM))에서 수여되는 수학에서 가장 권위 있는 상이다. 그리고 40세 이하의 수학자들에게만 주어지는 상으로 기준이 다소 까다롭다.

곤경에 처해서도 독서의 즐거움을 잊지 않았다

나의 아버지는 가난한 교수였다. 1년 수입이 2000홍콩달러밖에 되지 않았는데, 한달 집세가 100홍콩달러이다 보니 집세를 내고 나면 800홍콩달러밖에 남지 않았다. 하지만 아이는 여덟이나 되었으므로 생활이 매우 어려웠다. 게다가 아버지는 또 성격이 고집스러웠고 원칙을 고수했다. 그러다 보니 교장과도 사이가 나빠 교직을 사직하고 말았다. 그리하여 가정환경이 더 어려워졌다. 그래도 부모님은 아이들의 대학교육을 포기하지 않았다.

우리 집 거실은 매우 작았는데 겨우 10여 제곱미터밖에 안 되였다. 거실에 있는 탁자는 식사 후 깨끗하게 닦아야 했다. 왜냐하면 아이들이 거기에 둘러앉아 공부를 했기 때문이다. 아버지의 책상은 바로 그 옆에 있었는데 책이 가득 쌓여 있었다. 아버지는 거기서 학생들의 숙제를 고치기도 하고, 책을 쓰기도 하셨다. 아버지가 바로 옆에 있었으므로 우리는 게으름을 피울 수가 없었다.

탁자가 작았으므로 여덟 아이가 다 함께 둘러앉을 수가 없었다. 우리는 돌아가며 그 탁자에 마주앉아 책을 보았다. 그러지 않으면 아예 자기 방으로 돌아가 책을 보았다. 어릴 때 아버지는 우리에게 중국 전통 문학작품을 많이 보게 했다.《삼국연의(三国演义)》,《홍루몽(红楼梦)》,《수호전(水浒传)》등 외에도 루쉰(鲁迅)의 소설과 문장도 보게 했다. 우리가 좀 더 나이가 들자 또 철학서라든가 서양문학작품과 같은 심오한 책을 보게 했다. 하지만 우리는 모두 몰래 훔쳐보는 책들이 있었다. 주로 소설류였는데, 특히 나는 고전 무협소설을 보기 좋아했다.

소년시절 내가 받은 교육은 기본적으로 가정교육이었다. 아버지의 엄격함과 고문에 대한 교육은 나에게 커다란 영향을 주었다. 우리 집은 가난했지만 가난에 대해 자기만의 관점이 있었다. 아버지가 처음 나에게 읽어 준 고문은 《예기·단궁(礼记·檀弓)》 중의 '차래지식(嗟来之食)'에 관한 단락이었다. 두 번째로 읽어 준 것은 도연명(陶渊明)의 《오류선생전(五柳先生传)》이었다. 처음에 나는 이 두 문장의 뜻을 이해하지 못했다. 그러나 점차 아버지가 우리에게 기개가 있어야 함을 가르치고 있음을 알게 되었다.

하룻밤 사이에 어른이 되고, 아버지를 다시 알다

내가 14살이 나던 해, 아버지가 큰 병에 걸리셨다. 병을 치료할 돈이 없었으므로 사방으로 돈을 꾸러 다녀야 했다. 어머니가 가장 고생스러워 했다. 아이들을 돌봐야 했을 뿐만 아니라 아버지를 돌봐야 했고, 또 사방으로 돈을 꾸러 다녀야 했다. 어머니는 끝내 한 학생의 도움을 받아 아버지를 병원으로 모실 수가 있었다. 하지만 그 대는 이미 너무 늦은 시기였다. 게다가 1년 전 둘째 누나가 감기에 걸린 것을 제때에 치료하지 못해 갑자기 세상을 떠난 것도 아버지에게는 커다란 타격이었다. 아버지는 이렇게 해서 갑작스럽게 세상을 떠나셨는데 그때 겨우 53세였다. 그 후 우리는 아버지의 장례식조차 치르기가 어려웠다. 심지어 집세를 내지 못해 아주 비좁은 곳으로 이사를 가야 했다.

아버지가 세상을 떠나고 나니 우리는 갑자기 정신적 기둥이 없어졌다. 그 어려웠던 시절 어머니는 커다란 용기를 내어 가정을 지탱해 나가셨다. 많은 친척, 친구들이 어머니에게 아이들을 공부시키지 말라고 권고했지만, 어머니는 그것만은 안 된다고 하셨다. 아이들이 아버지의 유지를 이어받아 계속 공부를 해야 할 뿐만 아니라 공부를 잘해서 출세해야 한다고 말씀하셨다. 어머니의 우리들에 대한 기대는 아주 컸다. 물론 그렇다고 말하시지는 않았지만 나는 잘 알고 있었다. 그때 우리가 얼마나 가난했던지 전등마저 없어 저녁이면 등잔불을 켜야 했다. 어머니는 매일 제시간에 등잔불을 켜서 우리가 책을 읽고 글을 쓸 수 있도록 했다.

어머니는 지식인 가정에서 태어났으므로 우리가 열심히 공부하기를 바랐으며, 되도록이면 공부할 수 있는 환경을 마련해 주기 위해 노력하셨다.

과거에는 아버지가 나에게 고문을 외우고 공부를 하도록 독촉했지만, 그때에는 재미가 없다고 생각되어 게으름을 피우기 일쑤였다. 아버지가 세상을 떠나시고 나서 나는 마치 하룻밤 사이에 어른이 된 것 같았다. 나는 아버지의 책꽂이를 뒤져서 아버지가 나에게 가르쳐 주셨던 책들을 찾아내어 다시 읽기 시작했다. 길을 걸으면서도 책을 보고, 차에 앉아서도 책을 보았다. 학교의 교과서 외에도 많은 과외의 책들을 보았다. 과학류의 책도 보고 인문류의 책도 보았다. 나는 시간이 날 때마다 헌책방으로 책을 사러 갔다. 가격이 쌌기 때문이었다. 몇 십 전이면 책 한 권을 살 수 있었다. 내가 중학교 시절 독서를 통해 획득한 지식은 학교에서 배운 것보다 훨씬 많았다.

책을 읽으면서 나는 아버지를 다시 알게 되었다. 어려서부터 내가 학문을 연구한 것은 유명해 지기 위해서가 아니라, 학문 자체의 의미를 이해하기 위해서였다. 이것이야말로 지식인 정신이라고 생각된다. 미국에 간 후 나는 기하학에 흥미를 갖기 시작했다. 그때 나는 칼라비 씨가 1954년에 쓴 글을 발견했다. 그는 기하문제를 해결하는 각도를 제공했지만 진정으로 문제를 해결한 것은 아니었다. 나는 내가 해내기로 결심했다. 그때 나는 막 연구원에 들어갔을 때였으므로 두려운 게 없었다.

아무도 내가 옳다고 믿어주지를 않았지만 나는 그런 것쯤은 무시해버렸다. 나는 어려움을 겪을 때마다 해결 방법을 찾아내기에 고심했다. 그리고 작은 문제를 해결할 때마다 즐거워했다. 이 모든 것은 아버지가 나에게 독서의 즐거움을 가르쳐주신 덕분이었다. 27살이 되던 해에 나는 칼라비 추측을 증명하는데 성공했다. 이것은 기하 분석의 가장 중요한 기점이 되었으며, 또 전반적인 기하학 발전에도 큰 영향을 미쳤다.

원대한 이상을 품고 국가를 위해 노력하다

아버지와 어머니는 우리가 그냥 공부하기 위해 공부하기를 바랐다. 공부를 해서 돈을 벌어야 한다고 말씀하시지 않았다. 그들은 내가 인류에게 공헌할 수 있는 학문을 찾아 자신만의 길을 갈 것을 바랐다. 아버지는 돌아가시기 전에 줄곧 《서양철학사》를 쓰고 계셨다. 그 책에서 아버지는 《문심조룡·제자(文心雕龙·诸子)》에서 나오는 구절을 인용해, 학문에 대한 연구는 옛사람들의 것과 이어질 수 있어야 하는 동시에 후세에 길이 전해질 수 있어야 한다고 했다. 이는 내 인생의 격언이 되었다. 내가 철학을 연구하든, 아니면 수학을 연구하든, 목표는 모두 위로는 옛사람들의 지혜와 이어지고 아래로는 후대에 전해져 후세 사람들에게 도움이 되었으면 하는 것이었다.

아버지는 "천지를 위한다는 마음을 다지고, 아무것도 묻지를 말라(为天地

立心, 无问东西)"는 글자를 쓴 적 있다. 이것이 바로 아버지의 거시적인 시각이었다. 아버지는 아주 어려울 때에도 많은 시간을 들여 국가의 운명과 중화민족의 미래에 대해 생각했으며, 철학의 거시적 견지에서 중국 현실에 대해 고려했다. 아버지는 중국철학을 연구했을 뿐만 아니라, 서양철학도 연구했다. 아버지는 안목이 넓어야 한다고 생각했다.

나는 젊은 사람으로서 아버지의 사상에 깊이 영향 받았고, 특히 그의 애정에 깊은 감명을 받았다. 아버지가 교직에 몸을 담은 것은 젊은 사람들이 진보 발전하도록 돕기 위한 것이었다. 왜냐하면 중국의 미래는 젊은 사람들에게 달렸기 때문이었다. 그러므로 내가 교육에 많은 공력을 들인 것은 아버지의 유지를 계승한 것이라고 할 수 있다.

-세월에 부쳐-

'공자와 안회의 즐거움을 찾고, 큰 뜻을 품어야 한다'

아버지의 책상 위에는 "공자와 안회의 즐거움을 찾고, 큰 뜻을 품어야 한다(寻孔颜乐处, 拓万古心胸)"는 대련(对联)이 있었는데, 이 글은 나에게 깊은 인상을 남겨주었다. 공자와 그의 학생 안회(颜回)는 일생동안 사방을 전전하면서 매우 고생스러워 했지만 오히려 그 속에서 즐거움을 느꼈었다. 그들의 전 민족·전 중국에 대한 애정은 후세에 길이 전해지고 있다. 부모님은 나에게 진정한 사람이 되라고 가르치셨다. 그 어떠한 거짓이 있어서는 안 되며, 사회와 국가에 공헌해야 한다는 것이었다. 나는 이것이 매우 중요하다고 생각하여 시종 잊지 않았다. 나는 부모님의 이와 같은 가르침을 기쁘게 생각하며, 또한 나의 아들과 학생들도 이같이 가르칠 것이다.

나는 그들이 웅대한 포부를 갖기를 바란다. 사람은 큰 뜻을 품어야 한다. 그래야만 인생이 의의가 있게 되는 것이다. 이 세상에 온 이상 사람들은 자신의 발자국을 남길 수 있기를, 나아가 후세에 전해질 수 있기를 바란다.

마지막으로 나의 아들과 손자에게 하고 싶은 말이 있다. "나는 너희들이 중국 사람임을 기억하기 바란다. 또한 우리의 조국은 중국이며, 우리의 뿌리는 중국임을 단단히 기억하기 바란다. 나는 너희들이 자기만을 위할 것이 아니라, 중국 사회를 위해 공헌하고, 조국을 위해 일할 것을 바란다. 우리 치우 씨 네 가문은 돈을 위해 혹은 명예를 위해 일하는 것이 아니라, 진실로 국가와 사회를 위해 일해 왔다."

고맙습니다, 우리 집!

뜻을 굽히지 않다

1
양천(杨晨)

2000년 중국 "올해의 축구 선수"로 선발되었던 전 국가대표 축구선수이다. 유럽 5대 리그에 중국인으로서는 처음 진출했으며, 첫 골을 넣은 사람이기도 하다. 2001년 월드컵 예선에서 중국 팀을 이끌고 본선에 진출했으며, 양천이 그라운드에서 펼쳐낸 투혼과 혈기는 많은 팬들에게 깊은 인상을 남겼다.

양천의 아버지는 과거 농구 수비수였다. 그의 영향을 받아 양천은 프로선수의 길을 선택했을 뿐만 아니라 양천은 아버지로부터 용맹함, 과감함, 강인함과 자아 초월의 스포츠 정신을 이어받았다.

담력은 키워낼 수 있다

-이야기-

국내에서 담력을 키우다

아버지는 농구를 아주 잘하셨는데 농구를 할 때면 필사적이라는 느낌마저 들었다. 내가 대여섯 살 쯤 되었을 때, 한 번은 아버지가 하는 농구 경기를 구경하러 간 적이 있었다. 아버지는 1쿼터에서 상대방과 부딪쳐 얼굴이 피투성이가 되었다. 사람들은 모두 그가 퇴장할 것이라고 생각했다. 그런데 아버지는 "괜찮습니다. 그냥 살짝 다쳤을 뿐입니다. 당신들은 계속하세요, 저는 병원에 다녀 오겠습니다"고 하는 것이었다. 그는 한 손으로는 거즈로 눈을 가리고, 다른 한 손으로는 자전거 손잡이를 잡고 자전거를 타고 병원으로 갔다. 그러다가 대략 3쿼터쯤 되었을 때 돌아와 4쿼터에 바로 출전했다. 출전 후 아버지가 세 개의 자유투를 얻어 모두 득점하자 장내에서 뜨거운 박수가 터졌다.

경기가 끝난 후 더욱 놀랐던 것은 평소와 마찬가지로 나를 자전거 뒷좌석에 앉히고 한 손으로는 자전거 손잡이를 잡고, 다른 한 손으로는 나를 붙들고 집으로 돌아오셨던 것이다.

아버지는 나에게 경기에서 다치는 것은 중요하지 않으며, 득점이 중요하다고 말했다. 나는 아버지가 대단하다고 생각했고 숭배하기 시작했다. 그때부터 나도 앞으로 스포츠를 해야겠다고 생각했다.

내가 축구를 하게 된 것은 아버지의 영향을 받아서이다. 아버지는 축구를 좋아했지만 유감스럽게도 축구를 하지는 못했다. 아버지는 나에게 이웃의 큰 아이들과 같이 축구를 하라고 권유해주셨다. 하지만 큰 아이들이 몸으로 막는 바람에 나는 거의 공을 빼앗을 수가 없었다. 게다가 그들과 살짝 부딪치기만 해도 멀리까지 튕겨나가곤 했다. 나는 바닥에 엎드린 채 아버지를 쳐다보았다. 그런데 아버지는 일부러 못 본 척하는 것 같았다. 집에 돌아온 나는 화가 나서 밥도 먹지 않았고 축구를 안 하겠다고 선언했다.

그러자 아버지는 "그들은 너보다 덩치가 크지 않니? 그들과 함께 축구를 하다가 이제 같은 또래들과 차게 되면 완전히 달라질 꺼다."하고 말씀하시는 것이었다.

나는 그 말씀에 일리가 있다고 느꼈다. 다시 말해 아버지의 의도는 고수들과 놀라는 뜻이었다.

그래서 나는 큰 아이들과 축구하는 것을 줄곧 견지해 왔다. 그때에는 공 다루는 기술을 연습한 것이 아니라 담력을 키운 것이었다. 경기에 참가하고, 골을 넣을 생각만 했지, 부상이라든가 불공평하다는 생각은 하지도 않았다.

나는 구(區) 주최의 축구경기에 참가하던 데로부터 베이징시 주최의 축구경기에 참가했고, 후에는 베이징시를 대표해 전국 차원의 경기에 나갔다. 그 후에는 또 국가대표팀에 들어갔고, 또 후에는 독일에 건너가 축구를 했다. 활동구역이 끊임없이 확대되었고, 그에 따라 자신감도 늘어났고 담력도 커졌다. 이것이 바로 나의 성장과정이었다. 이 과정에서 아버지가 신변에 계시든, 계시지 않던 간에 줄곧 나에게 영향을 주셨다.

특히 처음 축구를 시작했을 때, 아버지는 모든 정력을 나에게 쏟아 부으셨다. 우리 집은 난위안(南苑)에 있었고 축구장은 싼리툰(三里屯)에 있었는데, 아버지는 일주일에 두 세 번씩 자전거를 타고 내가 훈련하는 걸 보러 오셨다. 오셔서는 나와 한마디 말도 하지 않았고, 훈련이 끝나면 다시 자전거를 타고 혼자 돌아가셨다. 팀 동료가 나에게 아버지가 오신 걸 봤다고 했다. 나는 그럴 리가 없다고 말했다. 집에서 축구장까지 거리가 상당히 멀었기 때문에 믿지를 못했던 것이다. 주말에 집에 돌아가 어머니께 여쭤보니 두 번이나 가셨었다는 것이었다. 그때 나는 속으로 훈련을 더 열심히 해야겠다고 생각했다. 아버지가 이렇게 고생하시는 걸 보고 그에 대한 감사의 마음을 동력으로 바꿨던 것이다.

국외에서 담력을 키우다

어느 우연한 기회에 나는 독일에 건너가 축구를 하게 되었다. 8000여 Km 떨어진 먼 곳이었고, 부모님이 곁에 안 계셨을 뿐만 아니라 친구도 없었다. 게다가 국외의 축구수준은 대단히 높았다. 이러한 것들은 모두 나를 당황스럽게 만들었다. 어머니는 나에게 옷을 잘 껴입으라고 당부해주셨고, 아버지는 나에게 열심히 배우라고 하셨다. 첫날 어느 한 낯선 호텔에서 모든 것이 조용해졌을 무렵, 나는 두려움 속에 온밤을 설치며 잠을 못 이루었다. 심지어 짐마저 풀 생각을 안 했다. 이튿날 그대로 가방을 들고 귀국할 생각이었던 것이다. 그때에는 통신이 발달하지 못하다 보니 전화 한 통 하는 것도 매우 비싸 엄두를 못 냈다. 부모님의 친구가 나에게 전화를 하신 적이 있는데, 처음에는 한창 훈련 중이라 전화를 받지 못했고, 두 번째 만에 전화를 받게 되었다. 그때 전화 저쪽에서 걸려오는 중국말을 듣자 확 눈물이 났다. 누군가 나와 말을 했다는 이유에서였다.

3개월의 테스트 훈련기간 동안 가장 즐거웠던 일은 훈련 그 자체였다. 다른 할 일이 없는데다 언어도 통하지 않다 보니 축구를 하는 것이 유일한 즐거움이었다. 축구장에서 드리블 돌파를 하고 나면 얼마나 즐거웠는지 몰랐다. 얼마나 거기에 미쳤으면 1부 팀 훈련이 끝난 후 자진해서 예비 팀과 계속 훈련하겠다고 할 정도였다. 감독은 신인으로서 열정이 좋다고 칭찬했다. 그렇게 3개월 동안 나는 천천히 팀 동료들 속에 녹아 들어갔다. 내가 잘하면 그들은 나를 좋아했고, 숭배했으며, 자발적으로 운전해서 호텔까지 데려다주기도 했다. 그리하여 많은 친구들을 사귀게 되었으며 자신감이 생겨

낳고 담력도 커졌다. 내가 독일에서 발붙일 수 있었던 것은 이 3개월간의 훈련과 관련이 컸다. 그 후 프랑크푸르트 축구팀의 요청으로 그들과 1년 계약을 체결했다. 그때 나는 얼마나 기뻤는지 모른다. 이것도 임무를 완성한 셈이라고 생각했기 때문이었다. 독일에 가기 전 아버지는 아주 단호한 어조로 "가서 그들에게서 많이 배울 거라. 그래야만 수준을 높일 수 있다"고 하셨다. 아버지는 또 나에게 독일 사람들은 아주 실용적이고 직접적이라면서 그들의 처세방법도 배우라고 하셨다.

-세월에 부쳐-
담력은 키워낼 수 있다

2001년 5월 13일 중국팀은 쿤밍(昆明) 퉈둥(拓东) 체육장에서 월드컵 예선 상대인 인도네시아 팀과 맞붙었다. 전반전에 인도네시아 팀이 선제골을 넣어 상황이 중국에 불리해졌다. 그날 나는 헤딩을 하다가 떨어지면서 골대에 부딪치는 바람에 어깨뼈가 파열됐다.

밀루 감독은 걱정하면서 후반전에 뛸 수 있겠느냐고 물었다. 이번 경기에서 이기지 못하면 본선 진출에 크게 영향을 줄 것이고, 팀과 감독 모두가 비난 받을 것이 뻔했기 때문이었다. 나는 이런 시점에서 팀을 떠날 수가 없었다. 그래서 "문제없다"고 대답했다.

한쪽 팔을 들 수 없었으므로 팀 의사가 단단하게 고정시켜 놓았다. 나는 한쪽 팔만 흔들며 뛰어다닐 수밖에 없었다. 후반전에 내가 한 골을 넣자 중국 팀은 크게 사기가 진작돼 결과적으로 5:1로 이길 수 있었다. 지금 생각해도 이건 별로 대단한 일이 아니었다. 축구선수를 포함한 모든 선수들이 이와 같은 상황에 부딪칠 수 있으며, 모두가 같은 결정을 내렸을 것이기 때문이다.

스포츠 선수에게 있어서 부상은 늘 상 있는 일이다. 국외에서 훈련을 할 때 한 번은 오른쪽 갈비뼈가 동료의 무릎에 받쳐서 금이 간 적이 있었다. 나는 혼자서 수동 기어 차를 몰고 병원으로 가 엑스레이를 찍고, 깁스를 하고 다시 차를 몰고 돌아왔다. 아버지보다 더 대단하지 않은가? 아버지는 자전거를 타고 갔지만, 나는 차를 몰고 갔으니까 말이다. 스포츠정신이란 끈질김과 영원히 패배를 인정하지 않는 것이라고 생각한다.

역사는 종종 놀랍도록 비슷하다. 독일에서 축구를 할 때 나도 아버지처럼 다른 사람에게 눈가를 부딪친 적이 있었다. 의사는 호치키스 같은 의료기기를 가지고 의료용 압정 세 개를 눌러서 지혈시켰고, 하프타임에 다시 봉합해주었다. 통역이 미리 아버지에게 전화를 걸어 내가 머리를 다쳤다고 말해주었다. 아버지는 "알았습니다. 걱정하지 마십시오. 아무 일도 없을 겁니다."라고 대답하셨다는 것이다. 나는 머리에 붕대를 가득 감았고 머리카락은 피범벅이 되어 있었다. 이 꼴로 집에 돌아가면 어머니가 울음을 터뜨릴 것이라고 생각했다. 그런데 경기가 끝나고 집으로 들어가자 어머니는 흘낏 쳐다보시고는 "얼른 씻고 밥 먹자"고 하시는 것이었다. 아버지가 내게 심리적 부담을 주어서는 안 된다고 미리 일침을 놓아두셨던 것이다. 어머니가 아무렇지도 않은 척 하는 것을 보고 나는 얼마나 괴로워했는지 모른다.

축구경기를 볼 때면 일반 관객들은 결과에 더 많은 관심을 가진다. 오직

집식구들만이 경기 내내 간을 졸이면서 보는 것이다. 내가 축구를 해서 그렇게 여러 해가 되도록 어머니는 내가 나가는 경기를 보지 않으셨다. 시작하는 호루라기 소리가 울리면 어떻게든 이유를 대고 다른 방으로 가버리셨다. 그러다가 90분 경기가 끝나면 금방 방에서 나오시곤 했다. 그리고 아버지에게 묻는 첫 마디가 "어디 다치지는 않았나요?"였다. 아마 나의 축구인생이 끝나고서야 어머니는 걱정을 놓으셨을 것이다.

나는 아들에게 "할아버지는 훌륭한 분이셨다. 나를 인재로 키워주셨기 때문이다"라고 말해주고 싶다. 나는 아들이 스스로 좋아하는 직업을 선택하기를 바란다. 아들에게 보내고 싶은 기대의 메시지는 "효성스러워야 한다"는 점이다. 중국에서는 항상 효를 앞세우고 있다. 이것은 사람으로서의 근본이며 아주 훌륭한 덕목이다. 두 번째로 보내고 싶은 기대의 메시지는 다른 사람과 교류할 때, 네가 즐거워야 다른 사람도 즐거워한다는 것이다. 세 번째로는 책임감이 있어야 한다는 점이다. 독자적인 사고력을 가져야 하고 어려움에 부딪치거나 문제가 생겼을 때, 혹은 실수를 했을 때 책임을 질 수 있어야 한다는 점이다.
고맙습니다, 우리 집!

2
사쭈캉(沙祖康)

45년간 중국의 외교업무에 종사하였다. 개혁개방 이래 중국 외교의 참여자인 동시에 증인이다. 유엔 사무차장을 역임했다. 성격이 솔직하고 대담하게 자신의 주장을 편 외교관으로 평가받고 있다. 전 세계의 주목을 받은 '은하호사건'[6]을 처리해 중국에서 "가장 패기 있는 외교관", "가장 외교적이 아닌 외교관'"으로 불리고 있다.

사쭈캉의 어머니는 보통 농민이었다. 하지만 어려움에 직면했을 때마다 완강하게 버텨 낸 그녀의 모습은 사쭈캉의 일생에 커다란 영향을 주었으며, 사쭈캉의 강인하고 자존심이 강한 성격을 키워냈다.

사내라면 버틸 수 있어야 한다,

우리 집에도 볕들 날이 있을 것이다

-이야기-

가난한 집안 출신이었지만 패기를 잃지 않았다

---

6) 은하호 사건 : 1993년 화학무기 제조 물질의 적재를 의심받았던 중국 화물선 은하호가 공해상에서 미국 군함의 정선명령을 받고 검색을 당한 사건을 말하는데, 주권 제약의 수모를 겪었던 이 사건은 덩샤오핑의 도광양회(韜光養晦 : 빛을 감추고 미래를 기다린다)를 대외전략의 방침으로 삼는 계기를 만들었다.

나의 고향은 장수(江苏), 이싱(宜兴), 장뎬(奖坫)촌이다. 이 마을에는 장(蒋)씨들이 많이 살았고, 우리 사 씨는 매우 적었다. 지금의 말대로 하면 우리는 이 마을의 외래호(外來戶)였다. 온 마을에는 사 씨가 모두 세 집이 있었는데 다 합쳐도 스무 명이 되지 않았다. 그 당시는 마을에 일부 봉건 잔재가 남아 있어서 툭하면 충돌이 생기곤 했다. 그때마다 우리는 항상 괴롭힘을 당했다. 싸우게 되면 그들은 곧 100명에 달하는 사람들이 옆에 있어줬지만 우리는 항상 몇 사람뿐이었다. 게다가 아버지는 장애인이셨고 어머니는 키가 아주 작았다. 사람들은 우리 집에 와 소란을 피우고 심지어 주먹질과 발길질도 해댔으나 우리는 어찌할 도리가 없었다. 어머니는 수모를 받고나면 집 뒤의 강가에 나가 한두 시간씩 울곤 하셨다. 그러는 어머니의 뒷모습을 바라보며 나는 어른이 되면 꼭 어머니가 더 이상 억울함을 당하지 않으시도록 지켜줄 것이라고 다짐하곤 했다.

　우리 집은 툭하면 곤경에 빠지곤 했지만, 어머니는 나에게 자존심이 있어야 하고 기개가 있어야 한다고 가르쳐주셨다. 스스로 자신을 존중해야 다른 사람들의 존중을 받을 수 있다는 것이었다. 또한 세상에는 공짜란 없는 법이며, 사람은 소처럼 부지런해야 한다고 교육하셨다. 어머니는 지식이 없었지만 중화민족의 근면함과 강인함, 선량한 품성만은 누구 못지않게 지니고 계셨다.

　농촌에는 정월 초이튿날이 되면 외삼촌댁에 세배하러 가는 습관이 있었다. 우리도 마찬가지로 외삼촌댁으로 세배하러 다녔다. 어느 한 번은 아버지가 나와 동생을 데리고 외삼촌댁으로 세배하러 갔다. 일반적인 습속대로라면 열정적으로 대접을 받아야 했다. 하지만 나는 우연히 둘째 외숙모와 외할머니가 주방에서 뭔가 의논하는 것을 듣게 되었다. 음식에 좋고 나쁨이 있었는데, 우리에게 좋은 걸 주고 싶어 하지 않음이 분명했다. 그 말을 듣고 나는 자존심이 상했다. 우리는 예의상 세배하러 온 것이지 밥을 얻어먹으러 온 것이 아니라고 생각했다. 나는 아버지와 동생의 손을 잡아끌며 "먹지 말고 가요! 굶어죽어도 이 집 밥은 먹고 싶지 않아요!"라고 했다. 집으로 돌아온 후 어머니는 이 일을 알고 나서 "잘했다, 가난해도 자존심이 있어야 한단다"라고 나를 토닥여주셨다.

온 마을이 동원돼 대학 가는 것을 돕다

어머니는 내가 대학에 갈 수 있기를 바랐다. 대학에 가면 도시에서 일자리를 구할 수 있었으므로 농촌의 가난에서 벗어날 수 있었던 것이다. 하지만 이와 동시에 어머니는 또 내가 대학에 가지 말았으면 했다. 대학에 가려면 돈이 있어야 했지만 우리 집이 너무 가난했기 때문이었다. 온 마을에서 가장 가난한 집이라고 할 수 있었다.

그러나 아버지는 내가 대학에 갈 수 있기를 간절히 바랐다. 농촌 아이들에게 있어서 대학에 가는 것은 가난에서 벗어날 수 있는 유일한 방법이었기 때문이다. 나는 소학교부터 중학교에 다닐 때까지 줄곧 산수 공부를 할 연습장도 하나 살 수가 없었다.

일감이 있게 되면 어머니는 내가 밖으로 나가지 못하게 했다. 하지만 아버지는 "애가 나가게 놔둬요."라고 나를 거들어주셨다. 그러면 나는 한달음에 학교로 달려갔다.

나의 대학 진학에 어머니는 아주 모순적인 심경이었다. 시험을 치러 가는 날 부모님은 나에게 새 신을 주시면서 시내에 들어가서는 다른 사람들에게 얕보이지 않게 행동하라고 말씀해주셨다. 그리고 호박을 깡통에 담아주며 가는 길에 배고프면 먹으라고까지 챙겨주셨다. 또 돈 몇 십 전을 주시며 시험이 끝나면 배를 타고 돌아오라고도 해주셨다.

나는 새 신이 아까워서 맨발로 18리 길을 걸어 전(鎭)에 갔고, 전에서 다시 50리를 걸어 이싱에 갔다. 그것은 내가 처음으로 먼 길을 떠난 것이었고, 처음으로 빨리 달리는 버스를 보았다. 나는 행복감을 느꼈다. 그러나 나는 시험이 끝나자마자 서둘러 집으로 돌아왔다. 돼지가 먹을 풀을 베어야 했기 때문이었다. 어머니를 안심시키기 위해 나는 시험을 완전히 망쳤다고 말했다. 많은 문제들을 풀지 못했으므로 대학에 붙지 못할 거라고 했다.

합격자 발표가 있던 날, 나는 일부러 집에 남아 밭일을 했다. 그런데 한 급우가 입학통지서를 흔들며 달려왔다. "쭈캉아, 너 대학에 붙었다!" 어머니가 돌아오시자 나는 학교에서 입학통지서가 왔다고 말했다. 나는 난징(南京)대학 영문학과에 입학했는데, 책값 9위안(元)과 매달 급식비 13위안 5마오(毛)가 필요했다. 그 외에 차를 타고 가려면 3위안이 더 있어야 했다. 이는 우리 집 상황에서 말하면 대단한 지출이었다.

어머니는 "이건 누가 운영하는 학교기에 한 달 급식비가 13위안5마오나 들지! 우리 집 1년 식생활 필수품을 사는데도 이렇게 많은 돈은 들지 않는다. 어차피 이 학교는 갈 수가 없겠구나!"라고 말씀하셨다.

이때 이웃들이 우리 마을에서 제일 첫 번째 대학생이 나온 것을 축하하러 왔다. 공사 서기는 "우리 같은 농민의 아이가 대학에 붙는다는 것은 대단한 일입니다. 경제적으로 아무리 어려워도 해결해야 합니다"하고 말했다. 그가 농촌신용사(農村信用社)에서 돈을 빌려 학비를 충당해 주었다. 이 서기는 나의 영원한 은인이 되었다. 나는 줄곧 그를 잊은 적이 없었다.

장부다운 기골과 부드러운 마음으로 대국적인 태도를 보이다

나는 대학을 졸업한 후 외교에 관련된 일을 하기 시작했다. 중국은 5000년 문명 고국으로 우리 외교관들은 모두 학문이 깊고 의젓했다. 우리의 외교는 도덕을 중시하고 신용을 지켰다. 우리는 다른 사람을 괴롭히지 않지만, 다른 사람이 우리를 괴롭히는 것도 허용하지 않았다. 어머니는 나에게 강인한 성격을 키워주셨다. 게다가 어린시절의 쓰라린 경력과 무협소설을 좋아한 성격 때문에 국제적인 사무를 처리함에 있어서 나는 강대함을 믿고 약자를 괴롭히는 행위나 돈이 많다고 가난한 사람을 업신여기는 행위는 절대로 용서하지 않았으며, 불합리한 일도 절대로 용납하지 않았다. 나는 항상 약자의 편에 섰다. 나는 많은 개발도상국에 대해 천연적인 동정심을 가지고 있었다. 이 또한 중화인민공화국의 발전정책에도 부합되는 일이었다. 개발도상국은 우리의 친구이고, 감정적으로도 그들과 가까웠다. 일부 혹은 어느 한 패권주의 선진국이 제3세계 국가를 함부로 괴롭히고, 인권과 자유에 대해 차별 대우를 할 때면 나는 본능적으로 나서서 그들의 이익을 지켜주었다. 그러므로 유엔에서 일할 때, 내가 회의장에 들어가면 많은 개발도상국 참가자들은 기뻐했고, 일부 서방 선진국 참가자들은 두려워했다.

사람들은 내가 대외적으로 강경하다고 하지만 사실 나는 강경한 것이 아니라 할 말을 했을 뿐이라고 생각한다. 인권·민주·자유는 보편적인 가치관으로서 그 어느 국가나 특권이 있어서는 안 된다. 미국은 해마다 인권백서를 출판해 전 세계 190여 개 나라의 인권상황에 대해 논한다. 하지만 본국의 인권상황에 대해서는 언급하지 않는다. 자신을 모범 국이라고 생각하기 때문이다. 모든 서방국가들이 의결 형식으로 비난하는 대상은 예외 없이 모두 개발도상국이었다. 서방국가들은 자신을 법관의 위치에, 개발도상국은 피고석에 앉힌 셈이다. 나는 미국이 진정으로 인권에 관심을 두는 것이 아니라, 완전히 정치적 목적으로 그들을 모욕하는 것이라고 생각한다. 그들은 해마다 유엔 인권회의에서 중국의 인권 침해에 관한 결의 초안을 제출하고, 심지어 중국의 인권 상황이 해마다 못해가고 있다고도 말한다. 그들의 말대로라면 중국은 원시사회로 되돌아가야 하는 것이다. 하지만 중국 사람들을 보면, 특히 젊은이들은 하나같이 즐겁게 생활을 하고 있다. 미국 사람들의 논리대로라면, 중국인민을 위해 그들의 억울함을 호소하였으니 응당 중국 사람들의 지지를 받아야 할 것이 아닌가? 그러나 그들이 중국에 반대하는 인권 제안을 제출할 때마다 중국 사람들은 거세게 반발했다. 그들은 안하무인격이고 독선적으로 우리를 대하는 데에 습관이 되어 있었다.

국익을 수호하고, 영토 보전과 주권의 존엄을 지키는 것은 외교관, 특히 중국 외교관이 반드시 해야 할 일이라고 나는 생각한다. 외교관은 싸우러

다니는 것이 아니다, 나라를 대표하여 다른 나라와 정상적인 교류를 하는 것이다. 우리의 교류 목적은 이해를 증진하고 우정을 쌓으며, 충돌을 줄이고 이견을 통제하며, 구동존이(求同存異) 하기 위한 것이지, 반목하거나 자기만 옳다고 하기 위한 것이 아니다. 나는 외교관 생애에서 많은 위기문제를 처리했는데, 그중에서 특히 기억에 남는 것은 1993년의 '은하호사건'이었다. 당시 미국은 우리의 '은하호' 상선을 공해에서 가로막고 우리가 "법을 어겼다"고 하면서 무장 헬리콥터가 있는 군함 두 척을 보내 우리에게 회항할 것을 강요했다. 우리는 개혁개방과 중미관계의 전반적인 국면을 고려해 검사를 받겠다는 어려운 선택을 했다. 하지만 그렇다고 해서 결코 미국의 검사를 받을 수는 없었다. 나중에는 미국이 사우디의 고문 자격으로 검사했다. 이 일은 중국 현대 외교사의 수치라고 할 수 있다.

나는 중국 사람들이 영원히 이 일을 기억하기 바란다. 이 일은 우리에게 국가에는 반드시 강력한 군대, 특히 강력한 해군과 공군이 있어야 함을 시사해 주었다. GDP가 아무리 크더라도 강력한 군대가 없이는 국가의 주권과 영토의 완전함, 그리고 존엄을 지킬 수 없는 것이다. 나는 지금 일흔이 넘었지만 매번 '은하호사건'을 생각할 때마다 마음이 괴롭다. 오늘날 중국 해군은 이미 천여 번이나 호위 임무를 수행했는데 이는 우리 상선의 안전을 지켜냈을 뿐만 아니라 해상 안전도 지켜냈다.

나는 1993년에 일어났던 일이 오늘날에는 다시는 일어나지 않을 것이며, 미래에도 영원히 일어나지 않을 것이라고 굳게 믿는다.

나는 미국인들에게 "가장 비외교적인 외교관"이라 불린다. 2001년 나는 유엔의 상주 대표로 제네바에 파견된 적 있었다. 당시 영국대사는 나에게

"대사 각하, 우리 영국은 중국의 인권문제에 특히 관심을 가지고 있습니다"
라고 말했다. 그 말을 듣고 나는 심기가 불편했지만 여전히 상냥하게 웃으
며 대답했다. "대사 각하, 당신을 보니 과거 당신들이 중국인민에게 아편을
피우라고 강요했다가 그때의 중국 정부에게 단호한 거절을 받은 일이 생각
납니다. 그래서 당신들은 1840년에 아편전쟁을 일으켰지요. 아편은 중국 인
민의 건강권을 침해했습니다. 그 후 당신들은 또 우리의 홍콩을 거의 200년
이나 불법 점거했습니다. 오늘 말하지만 영국정부가 중국의 인권에 관심을
가지는 것은 아무리 생각해도 이해할 수 없는 일입니다.

중국의 인권은 중국공산당이 이끄는 중국정부가 관심을 두어야 할 일입
니다. 중국의 인권은 중국 사람들 스스로가 지킬 것이니 당신은 걱정을 안
해도 됩니다." 말문이 막힌 그는 아무 말도 하지 못했다. 2007년 중앙정부
는 나를 유엔 사무차장으로 추천했다. 그 결과 미국의 신문들은 "가장 비
외교적인 고위 외교관이 유엔을 이끌러 왔다"'는 제하의 뉴스를 내보냈다.
나는 그것도 좋다고 생각된다. 나는 직설적으로 말하며 모호한 말을 하지
않는다. 나는 관점이 다른 것은 정상적이라고 생각한다. 왜냐하면 나라와
나라 사이의 처지가 다르기 때문이다. 나는 실사구시(实事求是)를 좋아한
다. 특히 유엔과 같은 다자 외교의 장에는 실사구시가 좋다. 장장 45년간의
외교관 생애에서 나는 선진국 동료이든 아니면 개발도상국 동료이든 한 가
지 인상만은 남겼다고 할 수 있다.

즉 성실하고 믿을 만 하며 같이 일을 할 수 있는 사람이라는 점이다.

-세월에 부쳐-
사내라면 버틸 수 있어야 한다,
우리 집에도 볕들 날이 있을 것이다

가장 힘들었던 세월, 어머니는 늘 막막함을 느꼈다. 그럼에도 불구하고 항상 나에게 "사내라면 버틸 수 있어야 한다, 우리 집에도 볕들 날이 있을 것이다"라고 말씀하셨다.

사람은 기개가 있어야 한다. 어머니는 나에게 사내라면 남에게 쉽게 무릎을 꿇지 말아야 한다고 가르쳐주셨다. 사내대장부는 큰일을 해야 하며, 기개가 있어야 하고, 사람은 가난할 수는 있지만 포부가 없어서는 안 된다는 것이 그것이었다. 나는 평생 남에게 부탁한 적이 거의 없다고 자랑스럽게 말할 수 있다. 자존심이 허락하지 않았기 때문이다. 나는 조직에 아무 요구도 제기한 적이 없다. 나의 처자식들은 모두 외교부에서 일한다. 하지만 아들이 어느 빌딩의 어느 사무실에서 근무하는지를 모르며, 사무실 전화번호도 모른다. 나는 아들에게 자력갱생하고, 다른 사람에게 부탁하지 말 것을 요구했다. 아들도 부모에게 돈을 달라고 한 적이 없다.

어머니는 나에게 효자 집에 충신이 나고, 효자는 또 가난한 집에서 난다고 말했다. 나는 어머니를 따라 배워 자녀를 정신적으로 많이 격려해 줄 것이며, 확고한 의지가 있고, 용기가 있으며, 자존심이 있도록 교육할 것이다. 부모는 자녀가 사회에 우뚝 설 수 있는 충분한 능력이 있다고 믿어야 한다.

자녀에 대해 지나치게 걱정할 필요는 없는 것이다.

나는 어머니에게 "어머니를 영원히 잊지 않을 겁니다. 나는 지금 아주 자랑스럽게 말할 수 있습니다.

어머니가 희망해 온 근면, 자강, 기개, 자존을 모두 해냈다고… 나는 중국 사람들의 존엄을 지켰고, 개인의 존엄도 지켰습니다. 어머니는 나를 자랑스럽게 여기셔도 됩니다"하고 말하고 싶다. 어머니가 나에게 가르쳐 준 자존 자애와 간고분투의 정신은 중화민족의 정신을 체현한 것이었다. 어머니! 당신의 양성과 교육에 감사를 드립니다.

고맙습니다, 우리 집!

3
우췬(吴纯)

여덟 살 때부터 후베이(湖北) 피아노계에서 이름을 날리기 시작하여, 중국에서 유일하게 박사학위를 세 개나 획득한 청년 피아니스트이다. 18개국에서 국제상을 받았다. 유럽 언론으로부터 "유럽에서 빛을 뿌리는 중국의 피아니스트'라고 불렸다. 현재 영국 왕립음악대학, 우크라이나 오데사음악대학, 독일 프라이부르크음악대학 등에서 객원교수로 활동하고 있다.

우췬의 어머니 우장홍(吴章鸿) 여사는 이혼·실직 등의 좌절을 겪고 나서도 매일 다섯 가지 아르바이트를 하면서 4위안(元)을 벌어 아들이 음악에 대한 꿈을 실현할 수 있도록, 흑백 건반 위에서 인생의 가장 화려한 악장을 연주해 낼 수 있도록 도와주었다.

강자라고 하여 눈물이 없는 것은 아니다

-이야기-

의연히 자립하다

11살 나던 해 나는 부모님이 이혼하는 바람에 어머니와 단둘이서 살게 되었다. 어느 한 번은 어머니가 나를 신화(新華)서점에 데리고 가서 족자를 사주셨다. '坚毅(견의, 의연)'과 '自立(자립)'이라는 글자였다.

그 후부터 이 두 단어는 나의 좌우명이 되었다. '자립'는 글자 아래에는 "산에 의지하면 산이 무너질 수 있고, 사람에 의지하면 사람이 쓰러질 수 있다. 자신을 믿는 것이 제일이다. 모든 일에서 남에게 의지하려 하지 말고 자강 자립을 근본으로 해야 한다"라는 글이 쓰여 있었다. 어머니는 이처럼 간단한 글로 나의 사기를 북돋아 주었으며, 책임을 져야 함을 알려주셨다. 즉 나도 가정의 일원이고, 마치 사람 인(人)자가 왼쪽 삐침과 오른쪽 삐침이 서로 의지하여 이루어진 것처럼, 어머니와 둘이서 서로 버팀목이 되어야 한다고 가르쳐주신 것이다. 우리가 집에 변고가 생겨 교실에서 6개월을 살아야 했는데, 이 기간 동안 이 두 글자가 항상 곁을 지켜주었다.

내가 4살 쯤 되었을 때, 유치원의 음악교사가 한 학기 동안의 관찰을 거쳐 내가 다른 아이들보다 노래를 빨리 배울 뿐만 아니라, 아주 정확하게 노래할 수 있다는 것을 발견했다. 그녀는 학부모회의에서 내게 선천적으로 음악에 대한 재능이 있다고 말했다. 이에 어머니는 친척·친구들을 찾아 1000여 위안을 빌려 전자 오르간을 샀다. 그때 어머니의 월급은 40위안 정도였다. 처음으로 전자 오르간의 건반을 눌러봤을 때의 느낌은 소리가 참 아름답다는 것이었다. 나는 그 전자 오르간과 대화할 수 있다고 느꼈다. 거의 10개월을 배웠을 때, 전자 오르간 교사는 어머니에게 내가 손 감각도 아주 좋고, 음감도 뛰어난데다 기억력도 뛰어나서 늘 과제를 초과 달성해 온다고 말했다. 그는 내가 피아노를 배우는 게 좋겠다고 건의했다. 하지만 피아노는 거의 5,000여 위안이나 했다. 1980년대에 5,000여 위안은 천문학적인 숫자나 다름없었다. 어머니는 또 돈을 꾸러 다니셨다. 그때 얼마나 많은 사람들을 찾아다녔는지 모른다.

어머니는 지금도 내게 그때 어떻게 한 집 한 집 돌며 돈을 꿨는가에 대해서 이야기하지 않으신다. 하지만 그게 얼마나 어려운 일인지 나는 상상하고도 남음이 있다. 그러던 어느 날 집에 피아노가 들어왔다. 아주 어린 나이의 나는 처음으로 이렇게 큰 피아노를 처음 보았다. 피아노의 자연스럽고도 순수한 소리는 내 영혼을 두드리는 것 같았다. 나는 연속 2시간 동안 쉬지 않고 피아노를 쳤다.

다섯 살 때부터 나는 피아노 교사의 집에서 레슨을 받았다. 매주 일요일이면 한 시간 동안 차를 타고 가야 했다. 아침 8시부터 레슨을 받기 위해 나는 6시 30분이면 일어나야 했다. 어느 한 번은 큰 눈이 내렸다. 어머니는 내게 "갈 수 있니?"하고 물으셨다. 학교에 다니는 것과 달라서 꼭 가야 한다는 규정이 없었기 때문이었다. 하지만 나는 반드시 가야 된다고 생각했다. 이유도 없었다. 차에서 내린 후 또 15분 간 걸어 가야 했다. 눈이 아주 두텁게 쌓여서 발이 푹푹 빠졌다. 어머니가 안아주겠다고 했지만 나는 싫다고 했다. 어머니를 너무 힘들게 하고 싶지 않았기 때문이었다. 겨우겨우 피아노 앞에 앉자 나는 눈물이 흐르는 것을 막을 수가 없었다.

선생님과 어머니는 어찌된 일인지 몰라 의아해 했다. 나는 다리가 부들부들 떨렸고 춥다는 말이 절로 나왔다. 무릎 아래가 몽땅 젖어버렸던 것이다. 두 겹으로 입은 솜바지와 털내복이 모두 젖었고 양말과 신발도 푹 젖었던 것이다. 어머니는 내가 피아노 레슨을 받도록 하기 위해 아주 어렵게 돈을 마련하셨다. 그런 만큼 피아노와 피아노 레슨의 기회는 모두 쉽게 온 것이 아니었다. 기왕에 이 길을 선택한 이상 끝까지 가야 한다고 나는 무의식적으로 느끼고 있었다.

아이에게 있어서 피아노를 배우는 것이란 처음에는 재미나는 것이지만, 그 후부터는 날마다 연습해야 하고 악보를 외우는 지루한 일로 변해 버린다. 이때 선생님의 가르침과 부모님이 지켜주는 것 두 가지 중 어느 하나도 없어서는 안 된다. 어머니가 나와 함께 있어주는 것, 그리고 어머니의 필기노트 이 두 가지는 나에게 참으로 중요했다. 레슨을 받을 때 교사가 말하면 나는 그대로 연습을 해야 했으므로 필기할 시간이 없었기 때문이었다. 어머니는 아주 열심히 필기해 놓으셨다. 이 필기노트는 집에 돌아가 연습할 때 많은 도움이 되었다. 그래서 피아노를 공부하는 아이에게 있어서 부모가 함께 있어주는 것은 아주 중요한 것이다.

집에 변고가 생긴 후부터 나의 피아노 공부는 더욱 어려워졌다. 처음에는 피아노를 교실에 둘 수가 없어서 어머니 동료 집에 두어야 했기에 저녁에 수업을 마치고는 어머니의 동료네 집으로 가야 했다. 그들이 저녁 식사를 하는 동안 나는 피아노를 쳤다. 연습을 마치고는 식당에 가서 밥을 먹고 다시 어머니 몫을 가져다 드렸다. 저녁 후에는 먼저 숙제를 했다. 숙제를 하고 나서는 라디오로 음악을 들었다. 어머니는 저녁 식사 후에도 계속 바쁘게 일을 하러 다니셨다. 용접 일 같은 일을 하셨다. 나는 용접은 할 줄 몰랐으나 어머니를 도와 부품을 꼽아줄 수는 있었다. 어머니가 시간을 절약할 수 있고 나도 손을 쓰는 능력을 키울 수 있는 순간이었다. 이는 내 나름대로 집에서 내 몫의 책임을 지는 일이었다.

우리는 계속해서 교실에서 살 수가 없었다. 무슨 방법이던 대야 했다. 그러다 보니 어머니는 더 많은 일거리를 찾아나서야 했다. 우한(武汉)은 여름철

이 아주 덥다. 40도까지도 올라간다. 어머니는 나를 데리고 일하는데 필요한 재료를 구입하러 다니시기도 했다. 대략 세 시간 동안 가야 했는데, 버스를 여러 번 갈아타야 했고, 20킬로그램 쯤 되는 부품이나 플라스틱 막대 같은 것들을 메고 와야 했다. 나는 어렸지만 자루 하나쯤은 멜 수 있었다. 나는 강했고 어머니의 고생을 덜어줘야 한다고 생각했기 때문이었다. 나는 어머니에게 이렇게 고생해서 얼마를 벌 수 있느냐고 물었다. 사장과 3대7로 나누느냐, 아니면 4대 6으로 나누느냐고 물었다. 어머니는 기술이 없으므로 노동력과 시간으로 돈을 벌수밖에 없다고 말했다. 아주 힘들게 일했지만 적은 돈밖에 벌지 못한다는 것이었다. 어머니는 나에게 열심히 공부해야 한다고 말했다. 시대가 발전하고 있으니 능력 있는 사람이 되어야 한다는 것이었다. 가정에서 아버지의 사랑은 없었지만 나는 종래 부족함을 느끼지 않았다. 어머니가 모든 사랑을, 더 많은 사랑을 주셨기 때문이다. 어머니는 은연중 나에게 영향을 주셨고, 인생의 본보기가 되었다.

우리의 처지를 알고 난 어머니의 한 동료가 나에게 일곱 살짜리 딸애의 피아노 교사가 되어달라고 요청하여 나는 그 청을 들어주었다. 내가 배운 것을 활용할 수 있었고, 그녀는 우리에게 얼마간의 보수를 줄 수 있는 명분이 생기기 때문이었다. 그러나 처음하는 일이라 내가 불안해하자 어머니는 너무 걱정하지 말라고 위로해 주셨다. 평소 선생님이 하시는 말씀들을 잘 기억해 두었다가 하나하나 가르쳐보라는 것이었다. 또한 다른 사람을 가르치는 과정에서 배운 것을 다시 익힐 수 있을 뿐만 아니라, 다른 사람의 결점을 보고 그것을 피해 갈 수 있지 않느냐고도 하셨다. 그리하여 나는 꼬마 교사가 되었다. 나는 전전긍긍하며 첫 수업을 했다.

그녀의 딸애는 장난이 심했다. 하지만 몇 번 수업하고 나자 그 아이는 더는 장난치지 않았다. 내 말을 잘 들었으며 점차 내가 요구하는 대로 잘 따라왔다. 딸애의 발전을 본 어머니의 동료는 내가 많이 노력했음을 알았다고 했다. 그녀는 나의 확고한 신념이 딸애에게 영향을 미쳐, 딸애가 꾸준히 피아노를 배우고, 피아노를 좋아할 수 있기 바란다고 했다. 한 주일에 네 번 강의하여 받는 내 보수는 100위안이었다. 이 돈은 내게 있어서 매우 많은 묵직한 돈이었다. 나는 그 돈을 받고는 뛰어서 집으로 돌아갔다. 어머니를 만나서 이게 내가 번 돈이라고 말했다. 나는 얼마나 기뻤는지 모른다. 어머니도 눈물을 흘리셨다. "우리 아들이 제법 컸구나. 이제는 집을 위해 더 많은 일을 할 수 있게 됐구나!" 어머니는 이렇게 말씀하셨다.

그때 내가 가장 많이 만져 본 돈은 10위안짜리여서 인상이 깊었다. 어머니는 매일 일하러 나갔으므로 집안일을 할 틈이 없었다. 그리하여 매일 내게 10위안씩 주시면서 우리 두 사람의 생활을 관리하라고 하셨다. 그전에 나는 돈을 관리해 본 적 없었지만 이제 이렇게 관리하라고 맡기신 것은 나에 대한 신임이 깊으셨다는 의미였다. 나는 그 돈으로 완구나 간식 같은 것을 사지 않았을 뿐만 아니라 조금이라도 어머니가 고기 한 점이라도 드실 수 있게 했다. 나는 그 돈을 어떻게 사용할 것인가에 대해 많이 생각했다. 이건 좀 더 사고, 저건 좀 적게 사고, 점심은 좀 많이 먹도록 하고, 저녁은 좀 적게 먹도록 했다. 어머니는 아이가 소비만 하는 대상이 아니라 아이도 부를 창조할 수 있다는 걸 내게 가르쳐 주시려는 것 같았다. 또한 아이도 가정에서 권리와 의무·책임이 있다는 것도 가르쳐주시려는 것 같았다.

빵과 국수

1997년 우크라이나음악대학의 포포바 교수가 우한(武汉)에 와서 강의를 했다. 그녀는 나의 연주를 듣고 재능이 있으니 음악인재로 육성할 만하다고 했다. 그때 나는 15세였다. 어머니는 서운해 하면서도 선생님의 건의를 받아들이셨다. 1998년 해외로 나가기 전에 어머니는 나에게 세탁·요리 등 사소한 일들을 포함한 생활력을 키워주려고 노력하셨다. 이와 동시에 나도 돈 모으기에 노력했다. 나도 학생이 많아졌던 것이다. 그때 우크라이나의 1년 학비와 생활비는 모두 3000달러였다. 1998년 겨울 어머니는 공항에서 내게 3000달러라는 묵직한 돈을 건네주시며 그게 우리 집 전 재산이라고 하셨다. 어머니는 또 내게 6년 동안 집에 돌아오지 않을 준비를 해야 한다고 말씀하셨다. 비행기 표를 살 돈이 없기 때문이었다. 나는 지금도 기억에 생생하다. 34인치짜리 가방 두 개를 끌고, 배낭을 메고, 숄더백을 든 채나는 앞만 바라보며 손을 저어 작별인사를 했다. 고개를 돌리면 두 사람 다눈물을 흘리고 말 것 같아서였다. 나는 앞으로 6년 동안 어머니의 기억 속에 뒷모습을 남길지언정 우는 모습을 남기고 싶지 않았던 것이다.

막 우크라이나에 갔을 때에는 거주 환경이 좋지 않았다. 뜨거운 물이 나오지 않았으므로 영하 25도의 날씨에 아주 먼 곳으로 목욕을 하러 다녀야했다. 그러다 보니 툭하면 감기에 걸리곤 했다. 그곳은 또 늦게 날이 밝고 일찍 해가 졌다. 하지만 이러한 것들은 나를 흔들지 못했다. 나는 확고한 신념을 가지고 있었다. 나는 공부하러 온 것이고, 유럽은 피아노의 발원지이며, 나는 피아노의 뿌리를 찾아 온 것이라고 생각했다.

그해 11월 8일은 내가 우크라이나에 간지 닷새째 되던 날이었다. 학비를 내기 위해서는 달러를 현지 화폐로 바꾸어야 했다. 조금이라도 더 많이 바꾸기 위해 나는 멀고도 아주 편벽한 곳으로 찾아갔다. 그러다가 길에서 사기를 당해 1500달러를 몽땅 날리고 말았다. 그 당시 나는 폭발하고 말 것 같았다. 온 몸이 부들부들 떨렸다. 가정 경제 형편을 알고 있었으므로 이 일을 어머니에게 말할 수가 없었다. 나는 스스로 방법을 찾아야 했다.

나는 먼저 나머지 1500달러의 생활비로 학비를 냈다. 그러고 나니 몸에 몇 푼 남지 않았다. 나는 매일 아침 5시가 조금 넘으면 일어나 6시 음대가 문을 열면 곧장 들어가 피아노 연습을 시작했다. 그러다 하루는 우유 배달을 하는 사장을 만났다. 현지 노인들이 우유를 좋아하는데 반드시 아침에 배달해야 한다는 것이었다. 나는 그에게 우유 배달 일거리를 줄 수 없느냐고 물었다. 보수로 우유와 빵을 주면 된다고 했다. 러시아식 빵은 비교적 컸으므로 나는 그것을 세 몫으로 나누어 아침, 점심, 저녁에 나누어 먹었다. 그러면 하루 동안의 식사가 되었다. 그 외에 아침에는 우유를 마시고 점심·저녁에는 맹물을 마셨다. 나는 이렇게 1년 동안을 지내야 했다. 피아노 연습실의 할머니마저 내가 날마다 빵을 들고 피아노 연습을 다닌다는 걸 기억하고 있었다. 그 외에 나는 음식 배달도 해봤고, 페인트칠도 해봤으며, 벽지 바르는 일도 해봤다. 또 주방 보조원, 가사 도우미 일도 해봤다. 나는 매일 세 시간만 잠을 잤다. 피아노 연습과 언어 공부도 뒤처지면 안 되었기 때문이었다. 이와 같은 의지는 어머니가 주신 것이었다. 나는 물러설 길이 없었고, 반드시 앞으로 나아가야 함을 잘 알고 있었다. 제일 견디기 어려운 것은 집 생각과 어머니 생각, 그리고 고향 생각이었다.

그 때는 중국말만 들어도 친근감이 들 정도였다.

그때에는 휴대폰도 없고 위챗(중국의 카카오톡)이나 QQ(메일)도 없다 보니 편지를 쓸 수밖에 없었다. 편지의 주제는 "항상 잘 있다"는 것이었다. "환경도 아주 좋고, 생활도 아주 좋으며, 뭐나 다 좋다"고 했다. 또 "공동으로 사용하는 주방이 있어 배고프면 수시로 뭐든 해 먹을 수 있다"고도 했다. 이는 다른 친구들에게서 들은 이야기였다. 나는 빵에 맹물을 마시며 어머니에게 날마다 홍소육(紅燒肉)이며, 돼지고기볶음이며, 치킨을 먹는다고 편지를 썼다. 어머니에게 편지를 쓰기 위해 나는 메뉴까지 준비해 두었다. 어머니를 안심시키기 위해서였다. 나는 편지를 쓰며 울기도 했다. 이건 나만의 비밀이기도 하다.

공항에서 나와 헤어진 후 어머니도 아주 어렵게 하루하루를 보내고 계셨다. 내가 떠난 후 어머니는 일자리를 5개나 구하셨다. 그리고 날마다 4위안만 생활비로 사용하셨다. 집에서 음식을 만들지 않았고 쌀이나 생활용품도 사지 않았다. 어머니는 식당에서 밥을 사드셨다. 아침에는 만두 하나에 죽 한 그릇으로 1위안을 썼고, 점심에는 1.5위안 이내로, 저녁에는 1위안씩 하는 기름기도 없고 계란도 넣지 않은 국수를 드셨다. 하지만 어머니도 나에게 이런 걸 이야기하시지 않았다. 심지어 건강검진을 위해 피를 뽑아야 했을 때 정맥에서 피가 뽑히지 않기도 했다. 아들에게 피를 몽땅 빨렸느냐고 비웃는 동료도 있었다. 그럴 때마다 어머니는 그런 게 아니라고, 자신이 원해서 하는 일이라고, 자신이 응당 져야 하는 책임이라고 말씀하셨다. 어머니로서 아이를 낳았다면 그 아이가 사회의 쓰레기가 아닌 유용한 사람이 되도록 키워야 한다고도 말씀하셨다. 어머니는 아파도 안 되었고, 포기해도 안 되었으며, 타락해서는 더구나 안 되었다. 반드시 아이에 대한 책임과 의무를 다해야 했다. 이것이 어머니의 비밀이었다.

"나도 눈물 날 때가 있었다, 때로는 안타까움의 눈물이었고, 때로는 슬픔의 눈물이었으며, 때로는 기쁨의 눈물이었다. 이혼모로서 양육비도 받지 못했고, 부모의 도움이나 형제자매의 지원도 없었다. 나 혼자서 아이를 데리고 고해에서 허덕이며, 운명과 싸우고 어려움과 싸웠다. 나는 강자가 되어 아들이 최고의 교육을 받으며 우수하게 성장해, 덕과 재능이 겸비한 인간, 합격된 공민으로 자라나도록 해야 했다. 이것은 어머니로서 반드시 다해야 할 책임과 의무였다." 후에 어머니는 이렇게 말씀하셨다.

어머니는 이렇게 굳센 분이셨다. 어머니는 어려움에 절대로 굴복하지 않으셨다. 어머니는 눈물을 머금은 채 끊임없이 달려오셨다. 오늘날에 이르기까지. 그때 나는 어머니에게 편지를 아주 많이 썼는데 수천 통은 될 것이다. 편지가 중량을 초과하지 않게 하기 위해 나는 항상 빼곡하게 쓰곤 했다. 어머니는 그 편지들을 읽고 또 읽으셨다. 귀국 후 그 편지들을 다시 보니 편지지가 눈물에 젖어 있었다. 일부는 나의 눈물일 것이고, 또 일부는 어머니의 눈물일 것이다.

지금 나는 공연이 있을 때마다 어머니를 모시고 다닌다. 시간이 되고, 건강이 허락하는 한 말이다. 내가 연주하는 매 하나하나의 음표는 모두 어머니에게 바치는 선물이다.

강자라고 하여 눈물이 없는 것은 아니다

가정에 변고가 생기고서부터 나는 익숙하던 생활이 사라졌고 머무를 곳
조차 없어졌다. 나와 어머니는 학교 교실에서 책상을 이어놓아 만든 '침대'
에서 자야 했다. 겨울이면 교실은 사방에서 바람이 들어와 너무 추웠다. 나
와 어머니는 꼭 끌어안고 온기를 취했다. '침대'가 좁았으므로 우리는 될수
록 상대방에게 더 많은 자리를 내주려고 애썼다. 그럼에도 때때로 '침대'에
서 굴러 떨어지기도 했다. 그 때마다 우리는 마주하고 눈물을 흘렸다. 아파
서가 아니라 우리의 처지가 서글퍼서였다. 어머니는 "강자라고 해서 눈물
이 없는 것은 아니다. 우리는 정신적인 강자, 운명의 강자가 되자."라고 말씀
하셨다.

사랑하는 어머니, 생일을 축하드립니다. 어머니가 저를 위해 한 모든 것에
감사를 드립니다. 이렇게 살아계시는 것까지 도요. 이 아들은 다년간 밖에
서 돌아다니다 보니 어머니와 함께 명절을 쇤 적도, 생일을 쇤 적도 아주 적
군요. 앞으로 어머니의 모든 생신에는 제가 꼭 옆에 있을 것입니다. 어머니
는 저에게 힘들었던 경력 모두가 재산이라고 하셨지요. 하지만 그 어려움
들을 다 이겨내고 다시 되돌아볼 때에만 그것들은 재산이 될 수 있다고 저
는 생각합니다. 그렇지 않으면 그건 다만 기억과 경력에 불과할 뿐이지요.
어머니가 저에게 주신 모든 경력과 키워주신 은혜, 어머니의 모든 것을 다
해 저를 성장시켜 주신 것에 감사를 드립니다.

나도 미래의 아이에게 축복할 말이 있다. "네가 앞으로 순조로운 환경이든 아니면 역경에 처했든 모두 꿋꿋하게 헤쳐 나갈 수 있기를 바란다. 또한 우리 우(吳) 씨네 가풍을 이어가고 자립하고 굳세기를 바란다."

고맙습니다, 우리 집!

시기를 맞춰 도모하다

1
예용례(叶永烈)

이름난 과학보급서 작가이고, 실화문학의 작가이다. 아동문학, 과학환상소설, 과학보급문학, 실화문학과 장편소설을 주요 장르로 창작활동을 하고 있다. 과학보급서《십만 개의 무엇 때문에》는 1961년 초판부터 2013년 제6판까지 모두 편찬에 참가했다.

예용례의 부친 예즈차오(叶志超)는 전장(錢庄, 옛날의 개인 금융기관)의 주인이었고, 원저우(温州)상업은행의 행장이었으며, 원저우 어우하이(瓯海)병원의 원장이었다. 예즈차오의 서가에 있던《밀림의 왕자 타잔》,《로빈손 표류기》는 어린 예용례의 독서 취미를 이끌어 냈다. 또한 예즈차오의 일을 함에 있어서의 꼼꼼한 태도는 예용례의 일생에 커다란 영향을 주었다.
　날짜는 꼭 기록해야

-이야기-

중요한 것은 잘 챙겨둬야 한다

나의 아버지는 기업가였다. 그는 당시 원저우 전장의 지배인인 동시에 은행의 행장이었으며, 또 병원의 원장 직도 겸임하고 있었다. 아버지는 어렸을 때에는 서당에 다녔고 후에는 바오딩(保定)사관학교에 다니셨다. 그는 서

예에 능했을 뿐만 아니라, 시를 쓸 줄도 알았으며, 어느 정도 문학적 수양도 갖추고 있었다. 아버지는 매일 영업하기 전 모든 직원들을 모아놓고 《고문관지(古文观止)》를 강의하셨다. 이는 원저우에서 유례가 없는 일이었다. 어린 나는 옆에서 그 강의를 같이 들었는데 알 듯 말듯 아리송하기만 했다. 이는 사실 내가 최초로 받은 문학적 감화라고 해야 할 것이다.

나의 아버지는 아주 세심한 분이셨다. 소학교에 다닐 때에는 한 학기에 성적표가 두석 장 씩 있었는데 모두 아버지에게 바치곤 하였다. 아버지는 그 성적표를 모두 보관해 두셨다. 소학교례서부터 고등학교 졸업까지 총 39장의 성적표가 있었다. 그중 23장은 소학교 시절의 것이었으며, 16장은 중학교 시절의 것이었다. 제일 처음의 성적표는 1945년의 것인데 지금으로부터 73년 전의 것이다. 나의 모교에도 이와 같은 보존서류는 없다. 따라서 지금 이 성적표들은 아주 귀중한 자료가 되었다.

아버지는 나에게 "중요한 것은 꼭 잘 챙겨두어야 한다"고 말씀하셨다. 나는 11살 때부터 투고하기 시작했다. 『원저우일보』를 당시에는 『저난(浙南)일보』라고 했는데 신문사 입구에 투고함이 있었다. 어느 날 나는 불현듯 영감이 떠올라 시 한 수를 써서 그 투고함에 집어넣었다. 그런데 며칠 후 내 평생에 있어서 첫 번째 편지를 받게 되었다. 봉투에는 "예용례 꼬마친구 앞"라고 쓰여 있었다. 편지에서는 나의 시가 아주 좋으므로 다음 주 발표할 것이라고 했다. 아버지는 신문에 발표된 내 시를 보시고 아주 기뻐하면서 잘 보관해 둬야겠다고 말씀하셨다. 이 신문은 지금까지 보관하고 있다. 내가 중국작가협회에 가입할 때 등록표를 작성해야 했는데, 거기에는 어느 때 첫 작품을 발표했느냐에 대해 적어 넣는 난이 있었다. 나는 1951년 4월 28일 『저난일보』에 발표했다고 적어 넣었다. 다행히도 아버지가 그 신문의 원본을 보관해 두고 계셨기 때문이었다.

아버지는 나에게 모든 편지에 다 날짜를 쓸 것을 요구했다. 사진도 마찬가지였다. 아버지는 나의 사진 뒷면에도 어느 해 어느 달 어느 날 찍었다는 것을 꼭 밝혀놓으셨다. 나의 첫 사진은 돌 때 찍은 것인데 사진 뒷면에는 '용례 돌 기념'이라고 쓰여 있었으며, '음력 7월 26일'이라고 상세하게 주석까지 달아놓으셨다. 내 생일은 음력 7월 27일이므로 그날 사진을 찍었다면 하루가 더 늘어난 돌인 셈이다. 아버지의 섬세함을 엿볼 수 있는 대목이다. 다른 사람에게 보내는 사진이라면, 가족사진 뒷면에 앞면에 있는 사람들의 각자의 위치 및 우리 형제자매들의 이름을 적어놓곤 하셨다. 나도 아버지를 따라 배워 사진의 뒷면에 남색의 날짜 스탬프를 찍곤 했다. 때로는 게으름을 피워 합동사진의 왼쪽이 누구고, 오른쪽이 누구인지 적어놓지 않았다. 지금에 와 보니 내 양옆에 서 있는 사람이 누구인지 이름도 생각나지 않는다. 그래서 항상 세심함이 필요하다는 것을 느끼곤 한다. 세심함의 기초는 참을성이다. 참을성이 있어야 세심해질 수 있다. 나도 점차 무슨 일을 하던 참을성이 있어야 하며, 중도 포기하지 말아야 한다는 도리를 깨닫게 되었다. 그래야만 물건을 정연하게 제대로 보관할 수 있는 것이다.

나는 독자들에게서 많은 편지를 받았는데, 그중 재미있는 것들을 골라서 보관해두었다. 5,000여 통이나 되는 이 편지들을 정리하다가 나는 1979년 2월 25일 베이징 따화(大华)기계공장의 한 노동자가 보낸 편지를 발견했다.

당시 그는 24세의 문학 지망생이었다. 아동문학작품을 쓴 적이 없는 공장의 일반 노동자였다. 다만 시 몇 수를 발표한 적이 있다고 했다. 공장에서는 그에 대해 말이 많았다. 그럼에도 그는 문학을 포기하지 않고 있었다. 그는 길을 가면서도 하늘을 쳐다보며 시를 외웠다. 그러던 어느 날 『광밍(光明)일보』 1면에 발표된 나에 관한 기사를 읽고, 저녁에 거의 두 페이지나 되는 편지를 써서 보내왔다. 고친 흔적 하나 없이 단 숨에 써내려 간 편지였다. 글자가 단정하고 문필이 유창했다. 일반 노동자였지만 아주 재능 있는 사람임을 알 수 있었다. 그는 나에게 습작에 대해 물었다. 나는 이 편지를 보관해 두었을 뿐만 아니라, 답장까지 보내주었다. 답장에는 당연히 날짜를 밝혀두었다. 이 노동자가 바로 지금의 '동화대왕' 정위안지(鄭渊洁)이다. 후에 정위안지가 편집장이 되어 내게 원고 청탁을 한 적이 있으며, 우리 집에 온 적도 있다. 이 편지를 소재로 TV방송국에서 청년시절의 문학 지망생 정위안지에 대한 프로를 만든 적도 있다. 다행히 이 편지가 남아 있었으므로 스물네 살 때의 정위안지는 어떤 생각을 했으며, 그가 작가로 될 수 있었던 것은 우연이 아니었음을 밝힐 수 있었다. 나는 이 편지들을 서명이 빠진 것은 보충하고, 또 일부 편지는 편지를 쓴 사람의 원래 신분을 명기하는 등의 정리 작업을 해서 상하이(上海)도서관에 기증했다. 그래야만 도서관 관리자들이 누가 쓴 편지인지를 알 수 있기 때문이었다. 그리고 또 나의 편지와 육필 원고, 보존서류, 녹음테이프 등도 50여 박스를 기증했다.

그 외에도 지금 계속 정리하고 있는 중인 자료가 60~70박스는 될 것 같다. 이 편지들은 대부분 60, 70년대부터 90년대 말까지의 것들로, 그중에는 1962년 천왕다오(陳望道) 선생이 내게 보낸 답장 등 중요한 편지도 있다. 내가 가르침을 청하는 편지를 보내자 그가 답장을 보내왔던 것이다. 봉투에는 '푸단(复旦)대학 천왕다오'라고 쓰여 있다. 그때 나는 아직 대학생이었으므로 그가 직접 답장을 보내준 데 대해 아주 감사하게 생각하고 있다. 이 편지는 《천왕다오 문집》 제1권에 수록되었다. 나는 또 인터뷰 녹음테이프 1,300여 개를 도서관에 기증했다. 이 테이프들은 누구를, 어디에서, 언제 취재한 것이며, 몇 번째 테이프라는 것까지 기록했다. 당시 나는 이러한 녹음의 가치가 테이프 자체의 가치를 훨씬 능가한다고 생각했다. 이 녹음테이프들을 통해 역사의 소리를 들을 수 있기 때문이다. 나는 많은 유형의 사람들을 인터뷰했었다. 그들 중 일부 사람들은 중요한 역사적 사건의 당사자이다.

그들의 회억 중 일부를 나의 작품에 써넣은 것 외의 대부분은 아무 곳에도 써넣지 않은 상태이다. 이것은 사실 당대 중국의 구술사 자료라고 할 수 있다. 이 테이프들은 현재 아주 귀중하다. 상하이도서관은 전문팀을 조직해 이 테이프들을 디지털화했는데, 소리의 명료도가 훨씬 높아졌을 뿐만 아니라, 영구 보관할 수 있다고 한다. 즉 수십 년 심지어 백년 후에도 후세 사람들이 들을 수 있다는 것이다. 상하이도서관은 대중을 향해 개방된 도서관으로 앞으로 더 많은 사람들이 오래 전의 역사적 사실 당사자의 구술을 들을 수 있게 될 것이다. 이 구술에는 세부 사항에 대한 언급이 아주 많다. 그중 일부분은 문자로 된 보존서류에 없는 것이므로, 앞으로 역사 연구에서 많은 새로운 재료를 발굴해 낼 수 있으리라고 생각한다.

세심한 유전자를 물려받다

나는 모두 3,000여 만자에 달하는 작품을 썼다. 누군가 예용례와 싸우는 사람이 있으면 그에게 예용례의 작품을 베껴 쓰는 벌을 주면 된다고 농담을 한 적이 있다. 하루에 5,000자씩 명절과 휴일 없이 베껴쓴다고 해도 꼬박 16년이 걸린다는 것이다. 나는 글을 쓸 때 일부 내용은 고증이 필요했다. 이때 아버지가 나에게 물려준 세심한 습관이 도움이 되었다. 나의 조기 작품인 《10만 개의 무엇 때문에》는 1961년에 초판이 나왔다. 이 초판 중 화학 관련 내용 중 "중수(重水)[7]는 물인가?"하는 것이 내가 쓴 것이다. 《10만 개의 무엇 때문에》가 초판 발행된 후, 한 독자로부터 편지를 받았는데, 책 속에 소개한 자연계의 천연적인 물 50톤에 1킬로그램의 중수가 들어 있다는 내용이 다른 책에서 본 것과 다르다는 것이었다. 이에 나는 화학 관련 저서들을 수도 없이 찾아보았다. 그중에는 소련 네클라소프의 《일반 화학 교과 과정》, 소련 그린카의 《일반 화학》, 푸잉(傅鷹)의 《대학 일반 화학》, 쑤맨청(苏勉曾)의 《체계적인 무기화학》 및 화학 관련 책자들이 포함되어 있었다. 이 과학 저작들에서 천연적인 물 속 중수의 함량에 대한 기록이 서로 달랐다. 심지어 어떤 것들은 수치가 여러 배나 차이가 났다. 나는 베이징대학 화학학부 졸업생이다. 우리 학부 학부장인 장칭롄(张青莲) 원사는 중국에서 이름난 중수 전문가이다. 나는 그에게 편지를 써서 가르침을 청했다. 장 원사는 100톤의 천연적인 물속에 중수가 17킬로그램 들어 있다고 했다. 그 후 나는 장 원사가 가르쳐 준 이 가장 정확한 수치를 책에 써넣었는데 지금까지 사용되고 있다. 이 책의 최신 판본도 이 수치를 사용하고 있다. 이처럼 수치 하나를 확인하기 위해 많은 참고서를 찾아보고, 나중에는 전문가에

---

7) 중수 : 보통 수소의 2배의 질량을 갖는 수소의 동위원소와 산소의 복합체인 중수소로 이루어진 물(보통의 물의 분자식은 H_2O). 산화중수소라고도 함.

게 가르침을 청해야만 했다. 내가 쓴 책들은 과학적인 것이 아니면 역사적인 것들이었다. 즉 한 가지는 자연과학이고 다른 한 가지는 사회과학인 셈이다. 그런데 마침 이 두 종류의 책들은 특별히 신중성을 요한다. 숫자 하나틀려서도 안 되며, 한 치의 빈틈도 없어야 한다. 중국의 중대한 제재를 소재로 한 실화문학 작품을 쓸 때에도 이런 것에 특별히 주의를 돌렸다. 여기에는 연대라든가, 숫자, 지점 등이 포함되어 있다. 그리고 또 인터뷰에서 당사자들의 기억에 오차가 생길 수도 있었으므로 반복적으로 문헌과 대조 검토했다. 절대 인터뷰 당사자의 말을 그대로 책 속에 써넣을 수가 없었다.

여러 가지 설이 있을 때에는 그 일고여덟 가지 설들을 모두 기록해 넣어독자 스스로 추정하거나 혹은 "작자가 보기에는 어느 쪽이 더 신뢰성이 간다"라고 적어놓았다. 역사는 역사적 사실에 기반을 둔 학문이다. 사료가 정확해야 하고, 역사를 보는 관점이 정확해야 한다. 아버지는 나에게 세심해야 한다고 가르치셨는데, 작가가 되고 보니 세심함이 더욱 필요했다. 문자작업은 쉼표 하나, 숫자 하나 틀려서는 안 되며, 이름·지명 등도 잘못 써서는 안 된다. 수많은 독자들에게 영향을 미치기 때문이다. 역사에 대해 책임져야 하고 독자에 대해 책임을 져야 하기 때문이다.

아버지의 영향으로 나의 자료들은 모두 질서정연하게 정리되어 있다. 한번은 광저우(广州)에 출장을 갔는데 주장(珠江)영화제작소의 한 시나리오작가가 내 소설로 영화 대본을 각색하겠다고 찾아왔다. 나는 아내에게 전화를 걸어 책장 왼쪽 몇 번째 칸에 있는 어느 책을 광저우로 보내라고 했다. 나의 서재는 항상 질서 정연하여 글 쓰는데 아주 편리하게 되어 있다.

또 다른 예를 들기로 하자. 나는 일찍이 《펑자무를 찾아서(追寻彭加木)》

라는 책을 쓴 적이 있다. 1980년 6월 17일 펑자무가 실종되었을 때, 나는 명령을 받고 상하이에서 로브노르(罗布泊)에 가 수색작업에 참가했다. 그래서 가장 중요한 직접적인 자료들을 얻을 수 있었다. 이 책에 있는 한 삽도가 많은 독자들의 주의를 끌었다. 당시 나는 로브노르에서 그들 몇몇 팀원들을 인터뷰하면서 노트에 그림을 그린 적이 있었다. 즉 펑자무는 어디에서 자고, 그의 이웃은 누구이며, 그들 열 명의 잠자리는 어디에 있는지, 펑자무가 탄 지프차는 텐트 밖 어느 위치에 있었는지, 대형 트럭은 또 어느 위치에 있었는지 하는 것들이었다. 이는 펑자무 실종 사건의 중요한 자료이다. 다행히도 당시 그려두었다고 생각된다. 기억력이 아무리 좋다고 해도 기록해 두는 것보다는 못하니까 말이다. 이 그림은 당시의 정경을 그대로 고정시킨 거나 다름없었다. 그들 몇몇 팀원들도 몇 년 후에 다시 말하라고 하면 제대로 기억하고 있을지 모른다. 취재할 때에는 반드시 세심해야 하며, 세부 사항을 포착하는데 주의를 기울여야 한다.

현장에 갔다 온 사람만 이 같은 작품을 써낼 수 있는 것이다. 로브노르에 가지 않았더라면 이처럼 자세한 직접적인 자료들을 얻을 수 없었을 것이다. 나의 취재 노트는 아주 질서정연하게 보관되어 있으며, 한 권 한 권 잘 제본되어 있다. 나는 취재할 때면 보통 루스리프 노트[8]를 사용한다. 취재가 끝나고 나면 당시의 취재 내용을 한 권으로 제본해 둔다. 《펑자무를 찾아서》를 출판할 때에도 바로 이런 노트에서 그 그림을 찾아내어 다시 잘 그려서 삽도로 사용했던 것이다.

---

8) 루스리프 노트 : 찢어버려도 되고 수없이 수정을 하도 되는 스프링으로 철한 취재용 수첩.

지금 나는 할아버지가 되어 손자도 있고 손녀도 있다. 손녀는 사진 찍기를 좋아한다. 어느 날 홍콩TV에서 나를 취재했는데, 마침 역광이라 화질이 안 좋았는데, 손녀가 마침 휴대폰으로 나의 두상 실루엣을 촬영했는데 출판사에서 그 사진을 아주 좋아해 나의 자서전 표지 그림으로 사용했으며,《예용레 과학보급 전집》의 언론공개회에서도 이 두상을 사용했다. 손녀는 물론 아주 기뻐했다. 나는 손녀에게 찍어놓은 사진은 모두 컴퓨터에 따로따로 폴더를 만들어 저장해 두라고 권고했다. 좋기는 폴더마다 무슨 내용이고 어느 해 촬영했음을 표기해두어야 한다고 말했다. 그리고 특별히 중요한 사진은 제목을 달아 설명해두는 것이 좋다고 말했다. 그래야만 제대로 보존할 수 있는 것이다. 사진을 컴퓨터에 저장해 두는 것만으로는 부족하다고 생각되면 CD로 구울 수가 있다. 나는 세 개의 외장 하드에 내 사진을 넣어두고 있다. 이것도 일정한 숫자가 되면 CD로 구워 번호를 매겨 둔다. 나는 나의 다음 세대들도 세심한 습관을 이어받았으면 한다.

-세월에 부쳐-

날짜는 꼭 기록해야

내가 원저우에서 베이징에 가 대학을 다닐 때 아버지는 "편지를 쓸 때면 날짜를 꼭 밝히라"고 말씀하셨다. 나는 그 말을 기억하고 편지마다 날짜를 쓰는 것을 잊지 않았다. 아버지가 나에게 보낸 편지도 날짜를 쓰고 있었을 뿐만 아니라, 편지 봉투에 어느 해 어느 달, 어느 날에 발송했다는 것까지 쓰여 있었다. 아버지는 아주 세심한 분이다. 후에 나는 아버지의 일기를 본 적이 있다. 아버지는 일기 머리에 날짜와 요일을 썼을 뿐만 아니라, 음력으로는 어느 날이고 날씨는 어떠하며 기온은 몇 도나 되는 가를 모두 기록해 놓았다. 일기는 매일 이렇게 썼는데 그것도 모두 육필이었다.

내가 아버지에게 하고 싶은 말은 다음과 같다. "아버지, 당신이 1968년 세상을 떠나서 벌써 거의 반세기가 흘렀습니다. 그 사이 저는 하루도 당신을 그리워하지 않은 날이 없습니다. 당신은 아주 세심한 사람이었고, 항상 행동으로 모범을 보이곤 했지요. 저는 원래 대충대충 하는 인간이었지만 점차 세심한 습관을 키우게 되었습니다. 세심함은 저에게 있어서 매우 중요했습니다. 특히 작가가 된 후 더욱 그러했습니다. 세심했기 때문에 취재 과정에 세부적인 것들을 포착할 수가 있었습니다. 또한 세심했기 때문에 창작 과정에서 자료들을 아주 정연하게 정리해 둘 수 있었습니다. 세심했기 때문에 실화 작품과 과학보급 작품들에 대해 엄격함을 요구할 수 있었으며, 수치나 연도, 인명, 지명을 모두 정확하게 쓸 수 있었습니다. 당신의 교육으로 인해 저는 이와 같이 많은 좋은 습관들을 키울 수 있었습니다."

사실 세심함은 작가만이 필요로 하는 것이 아니다. 어떤 일을 하든 언제나 세심해야 한다. 나는 손녀, 손자가 모두 우리 가정의 세심한 유전자를 물려받기를 바라며 이런 좋은 습관을 영원히 유지할 수 있기를 바란다. 세심하고 인내심 있으며, 조리 있는 습관을 키워 일을 잘 해나가기 바란다.

고맙습니다, 아버지! 고맙습니다, 우리 집!

2
멍만(蒙曼)

만주족으로 5세부터 학교에 다니기 시작했다. 베이징대학 역사학 박사이며 중앙민족대학 역사문화대학 교수이다. 저명한 역사학자로 수당(隋唐)시기와 오대(五代)시기의 역사 및 중국 고대 여성사를 주로 연구하였다.

멍만의 부모는 모두 교사였는데, 경제적으로 아주 어려웠음에도 불과하고 자주 책을 사들였다. 멍만은 고등학교 시절 외지에서 학교에 다녔는데, 부모님과의 서신 거래를 통해 가정의 따뜻함을 느꼈을 뿐만 아니라 대인관계에 관한 것들을 배울 수 있었다.

시필성당(诗必盛唐)

-이야기-

가족 모두가 지식인이었다

우리 집 식구들은 모두 책 읽기를 좋아했다.

나의 할아버지는 의사였는데 독서를 아주 즐기셨다. 그때에는 책이 적었으므로 할아버지는 붓으로 《상한론(伤寒论)》을 필사해서 보셨다. 1956년 이전에는 전기가 없었으므로 할아버지는 등잔불을 켜고 책을 필사하셨다.

할아버지는 아버지에게 책을 많이 읽어야 하며, 책을 읽지 않으면 앞으로 성공할 수 없다고 말씀하시곤 했다. 집에는 서가가 따로 없고, 그 대신 커다란 항아리 속에 책들을 가득 넣어 두었다. 《논어(论语)》,《맹자(孟子)》,《중용(中庸)》,《대학(大学)》,《금강경(金刚经)》 등의 책들이었다.

나의 어머니는 어릴 때 현 소재지에서 사셨는데, 소학교와 집 사이에는 서점이 있었다. 하굣길에서 어머니는 항상 서점에 들러 책을 보시곤 했다. 이렇게 아주 많은 책을 보시게 되면서 독서는 어머니의 취미가 되었다. 그때는 하루만 서점에 가지 않아도 허전한 느낌이 들었다고 하셨다. 어머니는 책을 읽는 속도가 아주 빨랐다. 최근 일주일 사이에 예광친(叶广芩)의 《목동(小放牛)》, 장수메이(姜淑梅)의 《어지러웠던 시절, 가난했던 시절(《乱时候, 穷时候》)》을 읽으셨다.

그뿐만이 아니라 요즘에는 나의 박사 지도교수이신 룽신장(荣新江) 교수의 《돈황학 18강(敦煌学十八讲)》과 기업가 펑룬(冯仑)의 《세월은 흉맹해(岁月凶猛)》, 거페이(格非)의 《춘진강남(春尽江南)》을 읽으신다고 했다. 74세의 노인이 봐야 할 책이 아니지만 도대체 어떤 내용인지 궁금하다는 것이었다. 《돈황학 18강(敦煌学十八讲)》은 아주 전문적이어서 일반인들이 보면 아리송한 내용이다. 사실 어머니는 이 책의 내용보다는 책을 통해 나와 더 가까워지고 싶어 하신 것이었고, 내게 주의를 주어야 할 사항이라도 있나 해서였다. 어머니는 펑룬이 성공한 기업가임을 잘 알고 계셨다.

성공한 기업가라면 아주 분망할 것인데 시간을 내서 책을 썼고, 또 사상적으로 아주 연구가 깊으며, 책 내용이 생활에 밀착된 것이어서 보게 되었다고 하셨다.

우리 집은 과거 현 소재지에 있을 때부터 책 사는 데서는 VIP 대우를 받았다. 현 소재지가 작았고, 서점이라고는 신화서점 하나밖에 없었으므로 점원이 종종 책을 사러 오는 우리 집 식구들을 잘 알고 있었던 것이다. 서점의 장(张) 아저씨네 집은 우리 집에서 그다지 멀지 않았다. 새 책이 올 때마다 그는 구식 28인치 자전거를 타고 도서목록을 가져다주었다. 아버지와 어머니가 먼저 책을 골랐지만 나와 오빠도 발언권이 있었다. 당시 중국 고전 4대 명작이 있었을 뿐만 아니라, 외국 문학 명작인 《제인 에어》, 《폭풍의 언덕》, 《삼총사》도 있었다. 그 외에는 물론 그림책도 있었다. 우리는 옛 판본의 《수호전(水浒传)》도 산 적이 있었다. 아버지는 우리가 그림책을 보는 걸 별로 달가워하지 않으셨다. 그림책은 적게 보는 게 좋다고 하셨지만 그러면서도 그림책을 적지 않게 사들이셨다.

어릴 때 나와 오빠는 책 보는 일 때문에 다투기도 했다. 가장 인상 깊은 것은 《붉은 바위(红岩)》와 네 권으로 된 《셜록 홈즈 탐정집》을 샀을 때의 일이다. 부모님은 《셜록 홈즈 탐정집》을 오빠에게 주시려고 했다. 당시 오빠는 이미 10여 세였고 나는 오빠보다 네 살 어렸으므로 추리소설을 알아보지 못할 것이라고 생각해 혁명 전통 이야기인 《붉은 바위(红岩)》를 주셨다. 하지만 나는 한눈에 셜록 홈즈의 중절모자와 담뱃대의 실루엣에 마음이 끌렸다. 나중에 나는 《붉은 바위(红岩)》외에도 《셜록 홈즈 탐정집》 제2권을 가질 수 있었다. 《셜록 홈즈 탐정집》의 이야기들은 모두 독립적으로 구성되었으므로 홈즈와 왓슨 사이의 관계를 잘 모르더라도 전체 스토리를 이해하는데 전혀 문제가 되지 않았다. 게다가 그것도 책을 보기만 하면 단번에 알 수 있는 것들이었다. 하여튼 중요한 인물과 그 조수, 탐정과 작가라는 것을 얼마든지 알 수 있었으므로 제2권부터 본다 해도 아무런 문제가 없었다.

　인민문학출판사에서 출판한 《홍루몽(红楼梦)》을 볼 때에도 마찬가지였다. 나는 이 책을 제4권부터 보기 시작했다.

　당시 나는 중학교 학생이었고 성적도 그다지 좋지는 않았다. 부모님은 내가 쓸모없는 책들을 너무 많이 봐서 성적이 좋지 않다고 생각해서 책들을 침대 머리에 있는 고리짝에 넣고 자물쇠를 채워 버렸다. 그리고 그 위에는 잡동사니들을 가득 올려놓았다. 나는 그들이 낮잠을 자는 틈을 타 열쇠를 훔쳐냈다. 아직 어렸던 나는 키가 작았으므로 잡동사니들을 가득 쌓아둔 고리짝의 뚜껑을 억지로 밀어냈다. 그런데 키가 작다 보니 고리짝 안이 들여다보이지가 않았다. 그때 긴장된 마음으로 닥치는 대로 꺼낸 것이 바로 《홍루몽》 제4권이었다. 책을 꺼내고 나서 얼른 뚜껑을 닫고 자물쇠를 채운 후 열쇠를 원래 자리에 가져다 놓았다. 《홍루몽》 제4권을 다 읽고 나서 역시 같은 방법으로 고리짝을 열고 다 본 책을 집어넣고 다른 책을 꺼냈는데 아마 《홍루몽》 제2권이었던 것 같았다. 나는 이렇게 《홍루몽》을 순서 없이 읽었다. "빌려온 책이라야 열심히 읽는다"는 속어가 있는데 나는 "훔친 책이었기에 열심히 읽은 것" 같았다.

　뿐만 아니라 책은 매번 읽을 때마다 그 맛이 다르다.

　일례로 《홍루몽》은 책을 읽을 때의 나이에 따라 이해가 달라진다. 어릴 때 《홍루몽》을 보면서 많은 것들은 이해가 되지 않았다. 예를 들어 보옥이가 매를 맞았을 때, 대옥은 보옥에게 "이제부터는 고치라"고 말한다. 당시 나는 두 사람이 지기라면 이를 악물고 반항하도록 격려해야 하지 않겠는가

하고 생각했다. 왜 "이제부터는 고치라"고 하는지 이해가 되지 않았다. 어른이 되어서야 나는 누군가를 진정으로 사랑한다면 그가 맞았을 때 마음이 아프고, 다시는 매를 맞지 말았으면 해서 그런다는 것을 알았다. 그러므로 "이제부터는 고치라"고 하는 한 마디에는 깊은 애정이 담겨 있다는 것을 이해하게 되었던 것이다.

우리 집에는 20여 개의 책꽂이가 벽면을 빙 둘러가며 놓여 있었다. 다른 집에서는 거실에 텔레비전을 놓아두는 위치가 우리 집에서는 책꽂이를 놓아두는 가장 중요한 곳이었다. 왜냐하면 그 위치는 자리가 넓어서 책꽂이를 한 줄로 쭉 배열해 놓을 수 있었기 때문이다. 다른 집에서는 내부 장식을 하게 되면 장식장을 짰지만 우리는 천정에까지 닿는 책꽂이를 짰다.

"한집안 식구가 아니면 한집안으로 들어가지 않는다"는 속어가 있다. 오빠와 올케네 집에서도 가장 중요한 위치에 책꽂이가 있다. 오빠 네는 최근 새 집으로 이사했다. 나는 오빠에게 축의금으로 책 살 돈을 주겠다고 했다. 세 식구니까 한 사람에게 1000위안씩 3000위안을 줄 테니 새 집의 책꽂이를 채우라고 했다. 오빠는 돈을 받자마자 그 길로 도서빌딩으로 책을 사러 갔다. 오빠의 영향으로 올케도 책 보기를 좋아했다. 올케는 이과생이었다. 오빠는 이과 관련 책을 이해할 수가 없지만 올케는 오빠가 보는 책을 알아볼 수 있다고 생각했다. 오빠와 올케가 연애하던 시절 우리 집에서는 늘 책이 없어지곤 했다. 책꽂이에 빽빽하게 들어 있던 책들이 여기저기서 조금씩 빠져나갔다. 후에 결혼하면서 올케의 혼수 속에 책들이 가득 들어있는 것을 발견했다. 모두 우리 집 책꽂이에서 없어진 《폭풍의 언덕》, 《제인 에어》,

《오만과 편견》,《홍루몽》 등의 책들이었다. 그제야 우리 집 식구들은 오빠가 책을 매개로 연애를 했음을 알게 되었다.

책을 사랑의 선물로 하는 것보다 더 좋은 것이 어디 있겠는가! 빌려주고 돌려받으려면 적어도 두 번은 만날 기회가 생기지 않겠는가? 게다가 화제 꺼리가 없을 때에는 책 이야기를 할 수도 있지 않은가 말이다. 그리고 나서 두 사람의 생각은 어떠한 지, 지향하는 바는 어떤 것인지, 취미는 어떠한지 등을 명확하게 이야기할 수 있는 것이다. 나는 이것도 아주 좋은 방법이라 생각했다.

교사 4명

아버지의 원래 전공은 영어였는데 후에 국어 교사가 되었다. 아버지는 교직 경력이 32년이다. 아버지는 교사의 수업준비에는 세 가지가 있다고 말씀하셨다. 그중 첫 번째는 교과서에 대한 준비, 즉 교재를 이해하는 것이라고 했다. 두 번째는 학생에 대해 이해하는 것이고, 세 번째는 학부모에 대해 이해하는 것, 즉 학생의 성장환경에 대해 이해하는 것이라고 했다. 이렇게 해야만 학생이 어떤 방식으로 책을 가까이하고, 공부를 좋아하게 할 수 있는지를 알 수 있다는 것이었다.

어머니는 30년 동안 영어 교사로 일하셨다. 1980년대 학교 옆에는 공사장이 있었다. 어머니는 수업에 들어가기 전이면 학생들에게 담을 얼마나 높이 쌓았는지 보게 했다. 수업이 끝난 후에 또 학생들에게 공사장에 나가 보게 하고 물었다. "노동자들은 한 시간 수업 동안에 담을 이만큼 높이 쌓아 올

렸습니다. 그러니 우리가 수업하는 동안 아무런 수확도 없다면 바깥에 있는 노동자들 보기가 미안하지 않겠습니까?"고 말씀하셨다.

나의 오빠는 정치와 역사 교사이다.

나는 지금까지 모두 15년간 교사로 일해 오면서 부모님들이 교육에 대해 말하는 것을 많이 들었다. 아버지는 "시를 공부함에 있어서는 성당시기를 따라 배워야 한다(诗必盛唐)", "목표는 높게 정해야 한다(取法乎上)"고 늘 상 말씀하셨다. 나는 많은 학생들에 대해 상세하게 이해할 수는 없다, 하지만 학생들의 배후환경에 대해서는 알아볼 가치가 있다는 것을 알고 있다. 이는 역사를 연구하는 것과 같은 이치인 것이다.

아버지는 글씨를 잘 쓰신다. 과거에는 구정이면 이웃, 동료들과 친구들, 그리고 아는 사람들에게 거의 모두 '복(福)'자나 춘련(春聯)을 써주시곤 하셨다. 당시에는 대련을 쓰는 데 대한 내용의 책이 아주 적었으므로 그냥 기억하는 대로 써주곤 하셨다. 그럼에도 대련을 써달라는 요청은 끊임없이 들어왔다. 하지만 같은 내용으로 써주면 안되었으므로 생각이 떠오르지 않을 때에는 금방 써주지를 못하기도 하셨다. 그해에도 아버지는 춘련을 연속으로 여러 장을 쓰시고 나서 뭘 썼으면 좋을지 생각나지 않는다고 하셨다. 우리는 옆에서 너도나도 힌트를 드리고자 했다. 내가 "낮은 담장 밖에는 새 울음소리 들리고, 작은 창문 밖에는 매화꽃이 피었네(短墙外, 数声鸟语, 小窗前, 几点梅花)"고 읊조리자 아버지는 "너 기억력이 좋구나, 잘 어울리는 내용이다. 하지만 구정인데 낮다거나 작다는 단어를 쓰면 좋지 않지"하고 말씀하셨다. 아버지는 이 대련을 "창밖에는 매화꽃이 화사하고 담장 옆에는 새소리 새롭다(窗外数朵梅花艳, 墙边数声鸟语新)"로 고쳐서 쓰셨다. 우리 집에는 지금도 춘련을 붙이는 습관이 남아있다. 지난해의 춘련은 "날이 화창해지니 경치가 맑고, 봄바람이 불어드니 집안이 태평하다(天将化日舒清景, 室有春风聚太和)"였고, 올해의 춘련은 "따뜻한 바람이 불어오니 매일 즐거움이 가득하고, 봄날이 찾아오니 해마다 얻는 것이 가득하다(风来喜际承平日, 春到每祈大有年)"이다.

　어릴 적 가장 즐거운 일은 겨울날 아침 창문에 성에가 끼면 아버지가 그 위에 시를 쓰는 걸 보는 것이었다. "북국의 풍광은 천리가 얼음으로 막히고, 만 리에 눈이 날린다(北国风光, 千里冰封, 万里雪飘)", "동으로 흐르는 강물은 천고의 풍류인물을 모두 쓸어가 버렸네(大江东去, 浪淘尽, 千古风流人物)" 등의 시를 쓰셨다. 아버지의 글씨는 매우 훌륭했다. 다만 창문이 작았으므로 긴 시를 쓸 수 없는 게 아쉬웠다. 그때면 아버지는 유감스럽다는 듯이 손을 흔들며 "이만큼만 쓰지"라고 하셨다. 그러다가 이튿날 또 다른 성에꽃이 피면 아버지는 또 다른 시를 쓰셨다. 내가 가장 일찍이 알게 된 시들은 아버지가 이처럼 창문 위에 쓴 것들이다. 그때부터 아버지가 글씨를 쓰는 모습은 내 마음 속에 고정되어 버렸다.

-세월에 부쳐-

시필성당(诗必盛唐)

1984년 10살이 되던 해에 나는 아버지를 졸라 인민문학출판사의 《청시선

(清诗选)》을 산 적이 있다. 책을 사고 나서 아버지는 "네가 이 책을 봐도 괜찮기는 하지만 '시를 공부함에 있어서는 성당시기를 따라 배워야 한다(诗必盛唐)"는 말이 있듯이 시를 읽으려면 당나라 시기의 시를 보는 게 좋단다"라고 말씀하셨다. 역사와 시사(诗词)를 공부하고 나서야 나는 이게 명나라 때 '전7자(前七子)'[9]의 문학 이론임을 알게 되었다. 나는 《청시선(清诗选)》을 보고 나서 또 《당시300수(唐诗三百首)》를 읽었다. 품격으로 놓고 말하면, 청시는 작고 당시는 크다. 청시는 부드럽고 당시는 단단하다. 청시는 얇고 당시는 두텁다. 읽고 나면 금방 비교가 된다.

아버지의 그 말씀은 나에게 깊은 인상을 남겨주었다. 책을 읽음에 있어서도 마찬가지이다. "목표를 높게 정해야 중간 정도에 도달할 수 있다(取法乎上, 得乎其中)"는 말이 있듯이 가장 훌륭한 책을 선택해 보면 중간 차원까지 이해할 수 있다는 말이다. 그러면 사상이 중간 차원에까지 발전하게 되는 것이다. 무슨 일을 하나 마찬가지로 높은 기준으로 자신을 요구해야 한다. 교사로서 자신에게 높은 기준을 세워야 최고로 훌륭한 교사, 혹은 교육가가 될 수 없다 하더라도 너무 형편없지는 않을 것이다. 부모님은 나에게 "있는 힘껏 노력해야 알아볼 수 있는 책을 읽을 수 있고, 마음속으로부터 탄복하는 사람을 친구로 사귀어야 한다. 그리고 공력을 많이 들여야만 완성할 수 있는 일을 해야 한다"고 말했다. 이것이 바로 나의 성장 과정이었다.

---

9) 전7자: 명(明)나라 효종(孝宗)~목종(穆宗) 때에 걸쳐 고문사설(古文辭說)을 주창한 전·후 일곱 명의 문인을 지칭하는 말이다. 홍치(弘治)·정덕(正德) 연간에 걸쳐 활약한 전칠자(前七子)와 가정(嘉靖)·융경(隆慶) 연간에 걸쳐 활약한 후칠자(後七子)로 구분된다.

2020년은 아버지와 어머니가 결혼하여 금혼이 되는 해이다. 나와 오빠는 줄곧 부모님을 어떻게 비유하면 좋을까 하고 생각해 왔다. 부모님의 가장 신성한 이미지는 무엇일까? 평서(评书)에서 중요한 인물을 논할 때면 "하늘을 떠받친 백옥 기둥, 바다에 가로놓인 자금 다리(擎天白玉柱, 架海紫金梁)"라는 비유가 자주 나온다. 아버지는 우리 집에서 "하늘을 떠받친 백옥 기둥"과도 같다. 아버지는 우리에게 땅이 얼마나 광활하며 하늘은 얼마나 큰가를 알게 해주셨다. 또한 조그마한 현성에 사는 우리가 어려서부터 스코틀랜드의 고원과 러시아의 삼림에 대해 알도록 해주셨으며, 역사를 알게 해주셨다. 어머니는 우리 집에 있어서 "바다에 가로놓인 자금 다리"와도 같았다. 어머니는 우리의 정신적 중심이었다. 우리는 어머니를 통해 세상에 중국어가 있을 뿐만 아니라 영어도 있으며 기타 아름다운 언어들이 있다는 것을 알게 되었다. 우리는 언어를 통해 자신이 알고 있는 것들을 세계 더 먼 곳에까지 전파할 수 있으며, 더 훌륭한 자태로 이 아름다운 세상에서 살아갈 수 있는 것이다.

고맙습니다, 우리 집!

3
류쉬안(刘轩)

줄리아드 음악대학 졸업생으로 하버드대학 심리학 박사이며, 보스턴 자
선 교육기구인 Citystep의 음악 교사이다. 케임브리지 WHRB 방송국 진행
자를 역임했고, 지금은 칼럼니스트이고 사회자이며, 음악 프로듀서로 활동
하고 있다.

류쉬안의 아버지 류융(刘墉)은 미국적의 중국인 작가이며 화가이다. 저작
으로는《광활한 인생을 향하여(迎向开阔的人生)》,《우리의 제한된 현생을
제대로 살자(把握我们有限的今生)》등이 있다. 그는 항상 "사람은 이 한평
생밖에 없다"는 말로 자신과 옆 사람들에게 "일생을 헛살아서는 안 된다",
"시간을 아껴서 자신을 개선하고, 환경을 개선하며, 세계를 개선해야 한다"
고 말한다.

지금 몇 시지?

—이야기—
여덟 살짜리 꼬마 이민자

어릴 때 아버지가 나에게 하신 그 한 마디가 내게는 아주 인상 깊다. "지
금 몇 시지?"하는 그 한 마디가 말이다. 그것도 영어로 말해야 했다.

나는 여덟 살에 미국으로 이민을 갔는데 낯선 환경에 언어까지 통하지 않아 원래 대담하던 성격이 부끄럼을 타는 성격으로 변했다. 한 번은 아버지가 나를 데리고 영화를 보러 갔는데, 팝콘을 사러 가서 시계를 차지 않고 왔으니 점원에게 몇 시인지 물어보라고 하셨다. 그 말에 놀란 나는 "어떻게 물어봐요?"하고 물었다. 아버지는 "어떻게 물어보는지 너도 알지 않니, 영어로 물어 보거라, 난 먼저 들어가 있겠다. 물어보지 못하면 들어오지 말아라."하고 하시는 것이었다. 그리고는 돌아서서 들어가 버리셨다. 홀에 홀로 남은 나는 한참이나 벌벌 떨다가 용기를 내어 점원에게 물었다. 그런데 당황하다 보니 문법이 틀렸다. "What time it is?" 점원이 알아듣지 못하는 것을 보고 나는 얼른 고쳐 물었다. "What time it is?" 점원은 퉁명스럽게 "Eight thirty."라고 대답해 주었다. 나는 보물이라도 얻은 것처럼 아버지에게 달려가 8시 30분이라고 알려드렸다. 그 후부터 아버지는 기회만 있으면 나에게 시간을 물어보라고 하셨다. 때로는 경찰에게, 때로는 지나가는 사람에게, 때로는 정원사에게 물어보라고 하셨다. 나는 그것이 이상하게 생각되었다. "시계가 있는데 왜 차지 않으시지?", "시계가 자꾸 고장이 나서인가?"하고 생각했다.

그러던 어느 날 아버지는 시계를 차고도 나에게 시간을 물어보라고 하셨다. 그래서 나는 "왜 시계를 차고 계시면서 시간을 물어보라고 하시는 거지요?"하고 여쭙자 "얘야, 난 너에게 용기를 키우는 훈련을 시키는 것이란다, 용기를 내지 않으면 어떻게 미국 사람들과 교제하고, 어떻게 사회생활을 할 수 있겠니? 또 어떻게 성공할 수 있겠니?"하고 말씀하시는 것이었다. 그때의 나에게 있어서 그것은 고통스러운 교육이었다. 하지만 후에 나는 아버지 방식이 옳다는 것을 깨달았다. 사람은 자신을 표현할 줄 알아야 빠르게 새로운 환경에 융합되어 들어갈 수 있는 것이다.

미국에서 나는 중국인들하고만 교제한 것이 아니라 여러 나라 친구들을 많이 사귀었다. 마치 작은 유엔처럼… 지금 내가 친구 사귀기를 좋아하는 것은 어릴 때 아버지의 교육과 떼어놓을 수가 없다.

나이가 들면서 나는 교제하는 능력을 단련시키는 것도 실은 일종의 자기 발견이라는 것을 깨닫게 되었다.

강요하지 않았다

우리 아버지는 기회교육을 아주 중시했으므로 될수록 시기 파악에 노력하셨다. 하지만 그 결과에 대해서는 별로 강요하지 않으셨다. 우리가 포기하더라도 아무런 불평도 하지 않으셨다.

우리의 주변에는 아이들의 주의를 끌만한 것들이 많았다. 아버지는 우리에게 여러 가지 선택의 기회를 주곤 하셨다. 예를 들면, 산책이나 운동하러 가는 길에 꽃이나 나무를 보면 우리에게 다 같이 연구하라고 하셨다. 잎은 몇 개이고 무슨 식물인가 하는 것 등이었다. 아버지의 신변에는 항상 박물관이 있는 듯싶었다. 나는 어릴 때 생물과목 성적이 특별히 좋았다. 매번 100점을 맞곤 했다. 가족들은 한때 내가 의사나 생물학자가 될 거라고 생각할 정도였다. 내가 학교 실험실에 있는 현미경이 재미있다고 하자 아버지는 중국의 광학기재도 매우 좋다고 말씀하셨다.

그 후 아버지는 정말로 아주 전문가나 보는 현미경을 사오셨다. 학교 실험실에 있는 것보다 훨씬 고급스러운 것이었다. 하지만 지나치게 고급스러운 것이다 보니 정비가 필요했을 뿐만 아니라 초점을 맞춰야 했으므로 사용하기가 번거로웠다. 그래서 그 현미경은 별로 사용하지 않았고, 줄곧 뉴욕에 있는 집에 방치해 둔 채로 있었다. 비싼 현미경이었으므로 나는 아버지가 "아주 비싼 걸 사왔는데 왜 쓰지 않느냐?"고 묻기를 기다렸다. 그런데 아버지는 한 번도 그렇게 물으신 적이 없었다. 다만 가끔씩 무겁게 메고 왔다고 말씀하셨을 뿐인데 나를 나무라는 의도는 전혀 없어 보였다. 나는 아버지의 이 모든 것을 감사하게 생각한다.

많은 부모들은 아이를 위해 온갖 정성을 다 한다. 그리고는 아이가 부모를 고맙게 생각하기를 바란다. 선물을 받으면 즐거워하고 그 선물을 날마다 사용해야 가치가 있다고 생각하는 경우도 있다. 그런데 아이들은 사실 나름대로의 선택이 있을 뿐만 아니라, 아이들의 선택이 부모의 선택과 같지 않을 수도 있다. 아이가 완전히 부모의 상상대로 선택하기를 바라는 것은 아이에게 있어서 공평하지 못한 것이다.

나는 아버지가 나에게 많은 기회를 주신 것을 감사하게 생각한다. 뿐만 아니라 나의 선택을 존중해 주신 것에 대해 더욱 감사하게 생각한다.

맨해튼을 향하여

부모님은 나의 모든 선택에 대해 그대로 방임한 것은 결코 아니었다. 일례로 피아노 공부를 들 수 있다. 부모님은 나에게 피아노학원을 등록해 주셨다. 하지만 나는 자신이 선택한 것이 아니었으므로 배우지 않겠다고 불평을 했다. "두 주일만 레슨 받으러 다녀 보렴, 그러고도 그만두겠다고 하면 그만두는 걸로 하자." 부모님은 이렇게 말씀하셨다. 그런데 이상하게도 피아노 레슨은 쭉 이어져갔다.

학교를 옮기는 일에서도 마찬가지였다. 미국에서 중학교에서 고등학교에 진학할 때에는 시험 볼 필요 없이 주거지에서 가까운 곳에 있는 학교에 신청하면 입학할 수가 있었다. 우리 집은 뉴욕 교외에 있었다. 나는 성적이 좋았으므로 교사가 뉴욕 시내에 있는 좋은 학교에 시험을 칠 것을 건의했다. 그러나 의외로 나는 맨해턴의 스티븐슨 고등학교에 입학할 수 있었다. 이 학교는 점수가 가장 높은 학교였기에 "리틀 하버드"라 불리기도 했다. 10년간 우리 학교에서 시험을 치러서 스티븐슨 고등학교에 입학한 학생은 나 한 사람뿐이라고 했다. 우리 집에서 이 학교까지 가려면 버스를 두 번 갈아타야 하고, 다시 지하철을 두 번 갈아탄 후 15분간 걸어가야 했다. 편도로 거의 2시간 30분이 걸렸다. 그전에 나는 줄곧 뉴욕 교외에서 살았고 혼자 멀리 가본 적이 없었으므로 이렇게 먼 학교에 가는 것이 여간 긴장되는 것이 아니었다. 심지어 가기 싫다는 생각까지 들었다. 나는 원래의 동급생들 및 친구들과 같이 학교에 다니고 싶었다. 그런데 부모님은 기어코 스티븐슨에 가는 것이 좋겠다고 강조하셨다. 아버지는 나를 데리고 학교까지 한 번 갔다 오기도 했다. 길에서 지하철역의 영문 명칭을 알려주고 다음 노선은 어떻게 가야 하는지, 어디에서 차를 갈아타는지 등에 대해서 알려주셨다.

아버지는 매번 "기억해 둬라, 이번에는…"하고 말씀하셨다. 나는 평소 기억력이 별로였지만 이렇게 한 번 다니고 나니 노선을 모두 기억할 수 있었다. 개학 첫날 아버지는 문 앞까지 배웅을 나왔고, 어머니는 나를 버스 역까지 바래다주셨다. 그리고 나서는 나 혼자 차를 타고 가라고 했다. 그 후부터 나는 갑자기 어른이 된 것 같았다. 귀가 예민해졌고 시력마저 더 좋아진 것 같았다. 나는 또 뉴욕의 지하철이 울긋불긋한 색깔임을 알게 되었다. 1980년대는 뉴욕이 범죄율이 가장 높았던 시기였다.

동급생들 중에는 강탈을 당하거나 싸움을 하는 일이 늘 발생하곤 했다. 게다가 학교 옆은 빈민가여서 치안이 상당히 좋지 않았다. 우리 육상팀은 평소 훈련을 하려면 반드시 빈민가를 통과해야 했다. 코치는 우리에게 여섯 명이 함께 달리되 누구도 홀로 떨어지지 말라고 했다. 지금 돌이켜보면 그때의 뉴욕에서 나는 참으로 많은 것들을 배웠다.

개학 첫날 나는 혼자서 온전히 학교에 도착했고, 또 혼자서 온전히 집으로 돌아왔다. 나는 스스로 자랑스러워서 "돌아왔습니다"하고 소리쳤지만, 아버지는 하시던 일을 멈추지 않고 담담한 표정으로 "돌아왔니?"하고 무덤덤하게 대답하셨다. 축하한다던가, 대단하다던가 그런 말씀은 하지 않으셨다. 나는 그들이 그렇게 해준 데에 대해 매우 감사하게 생각한다. 그들이 놀란 척하지 않았기에 내가 빨리 성장할 수 있었던 것 같았다. 내가 처음으로 자신의 변화에 대해 깊이 느끼게 된 것은 스티븐슨 고등학교에 다닌 지 대략 6개월가량이 지나고서부터였다. 한 번은 중학교 때의 동급생들과 만나 맨해턴에 대해 이야기하게 되었는데, 아주 쿨한 음악가게에 대해 이야기하자 모두 눈을 휘둥그레 뜨면서 부러워하는 눈빛이 역력했다. 그것은 아주 미묘한 기분이었다. 사실 우리 집은 학교에서 아주 먼 것은 아니었다. 버스를 타고 다니면 힘들지만 택시를 타면 뉴욕 교외에서 시내까지 30분밖에 걸리지 않았다. 하지만 나의 중학교 동급생들은 1년에 한 번 맨해턴에 가기도 어려웠다. 그들은 '세계의 수도'에 이렇듯 가까이 있으면서도 줄곧 그 외곽에서만 살다 보니 직접 맨해턴을 보기가 어려웠던 것이다. 내가 애초 그 안락한 생활권에 남았더라면 그들과 똑같이 되었을 것이다.

다행히도 나는 맨해턴을 선택했고, 그곳은 내 인생 여정에서 매우 중요한 역이 되었다.

안락한 생활권을 떠나다

나는 대학을 졸업하고 대학원에 들어가 공부를 했다. 졸업한 후에는 다시 뉴욕으로 돌아왔다. 원래의 생각은 뉴욕에서 일하려 했던 것인데, 후에 혼자 타이완으로 돌아갔다. 주 원인은 '9·11' 테러사건 때문이었다. 테러 발생 후 나는 가족을 잃은 사람들의 심리 상담을 많이 해주었다. 하지만 나는 진정으로 이곳에서 지낼 준비가 되어 있지 않았던 데다 뉴욕의 환경이 불안정했으므로 밖에 나가 돌아다니는 것도 좋겠다고 생각했던 것이다. 그리하여 타이완으로 돌아갔던 것이다.

나는 타이완에서 광고회사에 취직했다. 뉴욕의 집에 물건을 가지러 왔을 때 아버지는 가구가 필요하면 사주겠다고 하셨다. 그런데 어머니가 "그럴 필요 없어요, 얘가 스스로 편안한 생활권을 떠난 건데 왜 또 편안하게 만들어 주려고 해요?"라고 말씀하시는 것이었다. 부모님은 나에게 아무 것도 준비해 주지 않으셨다.

나는 이런 어머니를 진심으로 고맙게 생각한다. 그것이 바로 내가 원하는 것이었기 때문이다.

나는 아주 조촐한 스위트룸을 세 내어 지냈다. 때는 마침 겨울이었고, 날씨는 또 얼마나 추웠는지 모른다. 텅 빈 방에는 한쪽 구석에 침대 매트가 놓여 있었고 낡아빠진 형광등이 걸려 있을 뿐이었다. 전기기구로는 유일하게 온수기가 있었다. 내가 입주할 때는 저녁시간이었다. 골목 안에 있는 마라(麻辣) 샤브샤브점에서는 맛있는 냄새가 간간히 풍겨왔다. 사람들이 테이블에 둘러앉아 맛있게 먹고 있었다. 나는 홀로였으므로 식당에 들어가는 것이 좀 계면쩍었다. 그래서 상점에 가서 라면 하나를 샀다. 그런데 그 집에는 더운 물이 없었다.

나는 젓가락으로 라면을 부수고 그 위에 온수기의 물을 부었다. 그리고는 구석에 쭈그리고 앉아 라면이 퍼지기를 기다렸다. 나는 마라 샤브샤브의 향기 속에서 묵묵히 그 라면을 먹었다. 그때 나는 "지금 이 시각을 꼭 기억해야지"하고 생각했다.

그때의 그 시각이 나에게는 아주 쿨한 시간이라고 생각했기 때문이었다.

그 후부터 나는 새로운 생활, 새로운 일을 시작했다. 날마다 붐비는 버스를 타고 다녔는데, 붐빌수록 더 쿨하고, 더 현실적이라고 생각했다. 대학원 공부를 할 때에는 경험이 부족했다. 상아탑 속에 오래 있다 보면 머리속에 지식은 많아질 수 있지만 현실적인 것들을 경험하기는 어려웠다. 그래서 보충수업이 필요한 거라고 생각했다. 되돌아오기로 선택한 이상 이 생활을 잘 체험해야겠다고 생각했다.

환경이 바뀜으로써 나는 많은 것들을 다시 생각할 수 있었다.

여러 해가 지나서 아버지와 그때 일들에 대해 이야기한 적이 있었다. 그때 나는 한 가지 우연에 깜짝 놀라지 않을 수 없었다. 아버지도 29세 때 타이완을 떠나 뉴욕으로 가셨고, 나도 마침 29세 때 뉴욕을 떠나 타이완으로 왔기 때문이었다. 이건 우연이면서도 우연이 아니었다. 심리학적 차원에서 말하면 사람은 10년에 한 번씩 심리적 고비를 겪게 된다. 중국 옛 사람들이 말한 "삼십이립(三十而立)"이라는 것'이 바로 이 이치인 것이다. 그리하여 나와 아버지는 모두 29세 때 인생을 다시 생각해 보게 되었던 것이다.

내가 태어날 때 우리 집은 가정형편이 그다지 넉넉지 않았다. 우리는 철도 옆에 있는 불법 건물에서 살았다. 아버지의 이상이 예술가가 되는 것이었지만, 사범대학 미술학부를 졸업 후 우연히 TV계에 진입하게 되었고, 그 후에는 또 우연히 작가가 되었다. 아버지의 책이 잘 팔리자 우리는 타이베이(台北)시의 호화 빌딩에 입주했다. 하지만 아버지는 줄곧 화가가 되려는 이상을 포기하지 않으셨다. 그러므로 기회가 오자 모든 것을 내려놓을 수가 있었다. 아버지는 새 집의 스위치가 어디에 있는지 완전히 익숙해지기도 전에 집을 떠나셨다. 홀로 먼저 떠나면서 앞으로 잘 나가게 되면 온 집안 식구를 모두 데려갈 것이라고 했다. 아버지는 먼저 버지니아주에 가셨고, 그 후에는 북상하면서 외국인들에게 그림을 가르치는 일, 그림을 표구하는 일, 도장을 새기는 일을 했으며, 나중에는 뉴욕으로 가서 세인트 존스 대학의 미술학부 교수가 되었다. 3년 후 우리는 뉴욕으로 이사를 했다. 뉴욕으로 이사를 갈 때, 나는 타이완에서처럼 호화주택에서 살 것이라고 생각했다. 그러나 생각 밖으로 그것은 지상 1층, 지하 1층의 일반 아파트였다. 어느 날 저녀 나는 원래 살던 집 생각이 나서 잠을 들지 못하다가 등불 빛이 새어나오는 지하실로 갔다. 나는 계단 입구에서 부모님들을 보았다. 그들은 마침 등을 돌린 채 지하실 난로 옆에 쪼그리고 앉아, 어머니는 풀을 끓이고 아버지는 널빤지에 풀을 바르고 계셨다. 그들은 그림을 표구하고 있는 중이었다. 그림 한 장을 표구하면 몇 달러를 벌 수 있었다. 나는 아무 말도 안하고 한동안 그들을 조용히 지켜보다가 돌아가 잠을 잤다. 이 화면은 여덟 살 때부터 지금까지 내 머리 속에서 사라진 적이 없다.

나는 부모님들이 왜 그렇게 좋은 환경을 포기하고 힘든 삶을 사는지 이해하지 못했었다. 하지만 이 장면을 보고 나니 이해가 갔다. 지금도 나는 그 느낌을 어떤 말로 묘사했으면 좋을지 모르겠다. 말로 가르치는 것이 모범을 보이는 것보다 못하다는 말이 있다. 아버지가 나에게 많은 멋진 말을 했음에도 불구하고, 그들이 열심히 일하는 모습, 삶을 대하는 태도, 그들의 행동이야말로 진정 나에게 영향을 주었던 것이다. 프로포즈를 하려고 생각했을 때, 내가 상상하는 미래는 함께 여행을 가는 일도, 맛있는 걸 먹는 일도 아닌, 가지런히 앉아서 함께 일하는 모습이었다. 마치 나의 부모님이 함께 풀을 바르고 있었던 것처럼 말이다. 그것은 아주 편안한 느낌이었다.

아버지는 나를 위해 《자신을 넘어서라》, 《자신을 창조하라》, 《자신을 긍정하라》라는 제목의 책 세 권을 쓰신 적이 있으셨다. 뉴욕에 있으면서 나는 안락한 생활권에서 초탈하려고 시도해 보지를 않았다. 그러니 어찌 새로운 자신을 창조해 내고, 어찌 '이립(而立)'을 논할 수 있겠는가? 그리하여 잠재의식 속의 동력이 나를 안락한 생활권에서 밀어낸 것이었으리라. 이것은 자신을 찾고 싶다는 급박한 필요에서였는지도 모른다. 마치 아버지가 과거의 꿈을 찾아 떠났던 것처럼 말이다.

N멀티족 청년

　다원화된 발전을 추구하고, 어느 한 가지 신분에 구애되지 않는 것은 아버지가 나에게 준 가장 큰 영향이라고 할 수 있다. 아버지는 취미가 다양한 프리랜서였으며, 아주 초기의 'SOHO족'[10]이라 할 수 있다. 나의 머리속에도 일과 미래의 발전에 대한 패러다임이 없었으므로 자연히 경계라는 것도 없었다. 그러므로 당연히 성공하리라고는 생각하지도 않았다. 다만 취미를 키우고 그 취미를 발견하고 펼쳐 보일 수 있는 플랫폼이 필요했을 뿐이었다. 아버지는 타이베이에서 기자로 일하신 적 있다. 그는 미국에 와서도 특파원으로 일했다. 아버지는 촬영기사가 휴가를 낼 때마다 나에게 촬영기사 노릇을 시켰다. 그때 나는 12살 쯤 됐고, 촬영을 매우 좋아했다. 아버지는 내가 촬영하는 것을 걱정하시지 않았다. 원래부터 아이 취급을 하지 않았으며 할 수 있겠느냐고 묻지도 않으셨다. 하지만 한 번의 일만은 잊혀 지지 않고 있다. 처음 야외 촬영을 하고 돌아와 재생한 영상을 보며 아버지는 "이렇게 촬영해서는 안 된다"고 말씀하셨다. 하지만 내 옆에 앉아 어떻게 촬영해야 하는지 일일이 가르쳐주시지는 않았다. 그렇게 평가만 하고 나더러 혼

---

10) SOHO 족 : SOHO란 Small Office Home Office의 줄임말로 출퇴근 없이 자신의 작은 사무실이나 집에서 근무하는 직업인들을 뜻한다. 주로 정보제공업(IP), 컴퓨터 주변기기 광고대행 광고물 작성, 건강식품 등 사업자라면 모두 월세만 내면 편하게 내 사무실을 가질 수가 있다. 근무시간이 자유로운데다 타업체 여러 조직에 구애받지 않는다는 점에서 요즈음 20~30대 젊은이들의 호감을 사고 있다.

자 알아서 촬영하라는 것이었다. 그렇게 혼자 알아서 하는 일이었으므로 오히려 더 신경이 쓰였고, 진정으로 촬영기술을 익힐 수 있게 되었다.

　내가 13살 되던 해, 우리는 차이나타운에 가서 취재한 적이 있었다. 해마다 구정이 되면 차이나타운은 뉴욕시에서 유일하게 합법적으로 폭죽을 터뜨릴 수 있었으므로 많은 사람들이 폭죽 터뜨리는 것을 즐기러 갔다. 폭죽 부스러기들이 얼마나 많이 쌓였는지 밟으면 푹신푹신한 느낌까지 들었다. 이때 갑자기 누군가 "저기 누군가 카메라를 들고 있네, 저기서 터뜨리자"고 소리쳤다. 순식간에 폭죽들이 나의 바로 옆에서 터졌다. 나는 아버지와 함께 뛰어서 돌사자 옆에 숨었다. 전쟁 영화를 찍는 것 같은 기분이 들었다. 이 일이 있은 후 얼마 안 되어 나는 중학교를 졸업하게 되었고, 선생님은 독서 리포트를 제출하도록 규정했다. 나는 선생님에게 독서 리포트를 단편 영상 형식으로 만들어도 되느냐 여쭤보았다. 선생님은 영상 상영회에서 교사와 학생들이 점수를 매기도록 할 것이라고 했다. 나는 전체 급우들에게 임시 배우가 되어 줄 것을 요청하자 급우들 모두가 기뻐했고, 나는 점수 A를 받았다. 아버지를 도와 촬영한 경험이 없었다면 나는 아마 이 일을 해 낼 능력도, 용기도 없었을 것이다.

　나는 영역을 넘나드는 창작이야말로 가장 가치 있으며, 많은 새로운 아이디어를 낼 수 있다고 믿는다. 그리하여 나는 지금 어떻게 인생을 최적화할 것인가를 연구하고 있다. "어떻게 하면 서로 다른 신분을 자유롭게 바꿀 수 있을까?" 그리고 "그 서로 다른 신분들이 서로에게 영향을 줄 수 있게 할까?"를 연구하고 있다. 지금 말하는 '멀티족'이 바로 이런 내가 아닌가 한다.

누구나 멀티족이 되겠다는 목표를 설정하고, 그 목표를 달성하기 위해 어려움을 이겨내고, 일종의 성취를 거둔다면, 프로들은 그 성취를 인정하지 않을 수도 있지만, 그 멀티족은 목표 달성을 위해 어려움을 극복했고, 수확을 거두었으며, 다양한 삶을 살게 되지 않을까 하고 생각했다. 이때라면 멀티족이라는 이름을 달 수 있지 않겠나 하고 생각했다. 나를 일례로 든다면, 심리 상담사이고, DJ이며, 작가이고, 브랜드 컨설턴트이며, 연사이고, 또한 아버지이다. 작품이나 인생이나를 막론하고 모든 영역을 넘어서 디자인할 수가 있는 것이다.

인생은 등산과 같다

아버지는 젊은 시절 등산을 좋아하셨다. 등산하는 중의 탐험은 그에게 많은 깨달음을 주었다. 그리하여 아버지는 "한평생 등산하지 않을 수도 있지만, 마음속에는 꼭 산이 있어야 한다"고 말씀하셨다. 뜻인 즉 목표가 있어야 하며 도전해 봐야 한다는 것이었다. 뿐만 아니라 그 도전 과정은 의기소침해 하는 것이 아니라 즐거워야 한다는 것이었다. 나도 사람은 자아에 도전할 때, 문제를 해결할 때가 가장 즐겁다고 생각한다.

"이 산 위에서 저 산 위의 풍경이 더 아름답다고 부러워할 때, 당신이 해야 할 첫 번째 일은 하산하는 것이다." 이는 아버지의 좌우명이다. 뉴욕을 떠나 타이완에 돌아갈 때 나도 이렇게 자신에게 말했다. 이제 나는 이 말에 대해 새로운 해석을 하려 한다. 지금 사회는 너무 빨리 변화한다. 산의 정상에 올라 만족스럽게 생각하고 있을 때 벌써 태양이 지기 시작하고 추워지기 시작한다. 그러니 반드시 태양을 쫓아가야 한다. 태양은 움직이고 세상은 변한다. 우리도 끊임없이 변화하고 앞으로 나아가야 한다. 이것이 바로 인생이다. 어느 한 정상에 멈추어서 모든 것을 다 가졌다고, 행복하다고 생각할 수도 있겠지만, 사실은 그렇지가 않다. 쓰촨(四川)에서 관광을 할 때 차를 타고 쑹판(松潘)에 간 적이 있었다. 거기서 다시 말을 타고 해발이 대략 4,000미터인 높은 산 위에 올라가 야영을 했었다. 이튿날 아침 텐트 밖에 나와 그 겹겹이 서 있는 웅장한 산들을 보면서 나는 중국 산수화 중의 "가벼운 배가 만 겹의 산을 지나왔구나(轻舟已过万重山)"하는 경지를 진정으로 이해하게 되었다. 그 한 겹 또 한 겹 빽빽하게 이어진 산들을 나는 영원히 잊지 못할 것이다. 인생도 그러하다. 우리는 어느 날 갑자기 색다른 풍경을 보게 될지도 모른다. 하지만 그 풍경에 너무 연연해서는 안 된다. 왜냐하면 앞에도 밖에도 또 다른 풍경이 있기 때문이다. 인생이란 바로 끊임없이 이동하는 과정인 것이다.

아버지가 나를 데리고 등산했던 것을 감사하게 생각한다. 산의 정상에 올라서서 다음번에 올라야 할 산이 어느 것인지 확실히 알게 했기 때문이다. 아버지는 과거 우리를 데리고 바다를 건너가 새로운 생활의 막을 열어놓아 주셨다. 이러한 분투는 나에게 날개를 달아주었다. 지금에 와서 나는 이 날개를 단 채 계속 집에 대한 이 이야기를 쓰고 있다.

-세월에 부쳐-

지금 몇 시지?

갓 미국에 갔을 때, 아버지는 툭하면 몇 시인지 알아오라고 했다. 사실은 자신의 세계를 열고, 자신만의 길을 가라는 뜻이었다. 지금에 와서 나는 이미 많은 것들을 경험했지만, 여전히 아버지가 그때 만들어 낸 이 '속임수'를 감사하게 생각한다.

아내와 아이들에게 하고 싶은 말이라면, "함께여서 너무나도 좋구나, 우리 함께 '와~'하며 이 세상의 아름다운 것들을 즐기고, '오~'하며 여러 가지 괴로움을 참으며, 또 '아~'하며 함께 생각하고 계획하고, 그리고 '응~'하며 이를 악물고 열심히 노력할 수 있어서 나는 행복이란 우리가 이 모든 것을 함께하는 것이라고 믿는다."

나의 아이들인 첸첸(千千)과 촨촨(川川)에게는 이렇게 말하고 싶다. "아빠는 어느 날엔가 공항에서 혹은 부두에서, 캠퍼스에서, 문 앞에서 너희들이 떠나는 모습을 지켜보고 싶다. 너희들이 영웅의 길을 펼치고, 자신의 마음속에 있는 그 커다란 산 성상을 향해 올라가는 모습을 지켜보고 싶다."
고맙습니다, 우리 집!

말과 행동으로 모범을 보이다

1
저우링페이(周令飞)

사회 봉사자, 국제 대형 문화행사 프로듀서, 루쉰(鲁迅)문화재단 회장.

  저우링페이의 할아버지 루쉰은 본명이 저우수런(周树人)이다. 루쉰은 중국의 저명한 문학가이고 사상가이며, 중국 현대문학의 정초자이다. 그는 중국문학계는 물론 세계문학계에서도 중요한 위치를 차지하고 있다.
  자신의 삶을 살아라

-이야기-
'루쉰 손자'라는 신분에 거부감을 느끼다

  나쓰메 소세키(夏目漱石)의 손자 나쓰메 후사노스케(夏目房之介)는 나에게 "나쓰메 소세키의 장손으로서 나는 전반생을 공포 속에 살았다"고 말했다. 그 말에 나는 처음에는 매우 놀랐다. 하지만 나중에는 '공포'라는 두 글자가 과하지 않다고 느껴졌다.

  젊었을 때 나는 조부에게 별로 관심이 없었다. 내가 태어났을 때 그는 벌써 세상을 떠났고 아무도 내게 루쉰에 대해 언급한 적이 없었기 때문이다. 그러다가 초등학교 5~6학년 때 그가 교과서에 나온 것을 보게 되었다.

처음에는 그게 무척 즐거웠다. 하지만 시간이 갈수록 그게 아니었다. 선생님은 "넌 루쉰의 손자야, 루쉰은 아주 위대한 사람이거든, 넌 반드시 잘 해야 돼, 특히 글을 잘 써야 돼, 그래야만 진짜 루쉰의 손자라 할 수 있다"라고 말씀하셨다. 그때부터 학생들은 모두 나를 '루쉰의 손자'라고 불렀다. 하도 그렇게 부르니 심기가 불편했다. 마치 수많은 눈길들이 나만 지켜보는 것 같아 바늘방석에 앉은 기분이었고, 도대체 어떤 반응을 보여야 할지를 몰랐다. 수업을 끝내고 집에 가는 길에서도 학우들은 나만 보면 수근 거렸다. 그것은 참으로 슬픈 경험이었고, 학교에 가는 것조차 죄악감이 들게 만들었다. 나는 루쉰의 손자이지 말아야 했다. 나는 학교라는 이 말썽 많은 곳에서 도망치고 싶었고, 루쉰에게서 도망치고 싶었다. 그것은 참으로 뭐라고 설명할 수 없는 기분이었다. 뜨끔뜨끔 아프다고나 할까? 아니면 죄인이 된 느낌이라고나 할까? 또 아니면 뭔가에 묶인 듯한 느낌이라고나 할까?

1968년 말 군부대가 학교에 와서 징병을 했다. 그때 나는 베이징을 떠나기만 하면 누구도 나를 알아볼 사람이 없고, 내 뒷소리를 할 사람이 없을 것이라고 생각했다. 나는 신바람이 나서 등록표를 작성했다. 그런데 군 대표가 등록표를 보더니 "넌 루쉰의 후손이지? 고생을 견뎌낼 수 있겠니?"하는 것이었다. 그리하여 나는 그에게 내가 고생을 두려워하지 않음을 보여주기로 작심했다. 우선 틈만 나면 군 대표 사무실 앞에서 큰 빗자루로 바닥을 쓸곤 했다. 식사 때면 옥수수떡 두 개를 들고는 군 대표 맞은편에 앉아서 먹었다. 그리하여 끝내는 군 대표의 동의를 얻어냈다. 나는 영광스럽게 군에 입대했고 기차를 타고 선양(沈阳)에 가게 되었다.

그런데 입대해서도 마찬가지였다. 신병중대 중대장은 나에게 "루쉰 선생에게는 미완성의 사업이 있다. 자네가 가서 그 사업을 완성하게."라고 하는 것이었다. 그들은 나에게 루쉰을 따라 배워 의학을 공부하라는 것이었다. 나를 의무실에 배치하려는 것이었다. 나는 단호하게 거절했다. 총을 메고 나라를 보위하겠다고 말했다. 중대장은 어쩔 수 없이 나를 경비대에 보냈다. 나는 얼마나 기뻤는지 모른다. 사격, 수류탄 던지기 등 군사훈련을 받았고, 매일 2시간씩 총을 메고 보초를 서기도 했다. 전쟁 준비를 위해 경비대는 방공호를 파게 되었다. 동굴 안은 공기가 희박했는데 나는 기절해 넘어질 때까지 일했다. 이로 인해 나는 현장에서 공청단 가입을 승인받았다. 우리 부대의 주둔지는 작은 산이었는데, 우리는 거기에 있는 채소밭에 채소도 심고 풀도 뽑았다.

하루는 소대장이 나를 찾아와 말했다. "지금 소대에 선진 인물과 사적이 많다. 자네는 루쉰의 손자이니 글을 잘 쓰리라 생각한다. 그러니 우리 통신원이 되어 보도를 쓰게."라고 하는 것이었다. 맙소사! 내가 어떻게 그런 걸 다 쓸 줄 안단 말인가! 소대장은 새벽 3시가 넘은 시간에 나를 찾아와서는 빨리 쓰라고 재촉했다. 나는 "진짜 써낼 수가 없습니다. 너무 졸려요, 자고 싶습니다."라고 말했다. 소대장은 담배를 꺼내며 피우라고 권했다. 내가 담배 피울 줄 모른다고 하자 그는 "루쉰 선생은 담배 피울 줄 안단 말이다. 따라 배우게."라고 하는 것이었다. 그해 나는 겨우 17살이었는데, 그때부터 담배를 피우기 시작해 지금까지 25년간을 피워 왔다. 이른 아침에야 나는 마침내 원고 한 편을 써낼 수가 있었다. 소대장은 그 원고를 가져다 수정해서 썼다.

1971년 부대에서는 나를 선전원으로 양성하려고 사단의 선전과로 전근시켰다. 그러던 어느 날 나는 선전과에 구식 사진기가 있는 것을 발견했다. 나는 과장에게 "어려서부터 아버지를 따라 사진 찍는 걸 배웠습니다. 사진을 찍어도 보도할 수 있지 않습니까?"하고 물었다. 그리하여 나는 촬영 생애를 시작하게 되었다. 그 후 노력을 통해 나는 전군 촬영 대상을 따내기도 했으며, 해방군 화보사에서 전문 촬영기자로 일하기도 했다.

결론적으로 말하면, 사람들은 내가 어디로 가든 모두 루쉰의 손자라고 불렀다는 것이다. 마치 나는 자신만의 신분이 없는 것처럼. 내가 몸을 담고 있는 환경에서 다른 사람의 이름으로 불리 우는 것은 진짜 기분이 별로인 일이다.

조부의 말씀을 깊이 깨닫다

1980년 나는 의연히 부대에다 전역을 신청한 후 자비로 일본 유학을 떠났다. 거기서는 아무도 나를 알아볼 사람이 없을 것이므로, 천진스럽게 행동하고 활달하게 살아도 좋을 것이며, 농담도 할 수 있고, 짓궂은 장난을 해도 괜찮다고 생각했다. 덕분에 나는 즐겁고 편안한 생활을 하며 보낼 수가 있었다. 마치 내 혼이 되돌아온 것 같은 느낌이었다. 마침내 루쉰의 포위 속에서 탈출해 내 자신이 된 것 같았다. 하지만 일본에서 나는 내 인생의 두 가지 대사를 겪어야 했다.

첫 번째 사건은 내가 막 일본에 갔을 때 발생했던 일이다. 그때 나는 가난했을 뿐만 아니라 일본어도 할 줄 몰랐으므로 중국식당에서 아르바이트를 했다. 주로 청소를 하고, 식기를 운반해 오는 일이었다. 아주 먼 곳에서 다 씻은 식기들을 식기장에 가져다 넣었다. 나는 군에서 전역했으므로 신체 조건이 괜찮다고 생각했다. 그래서 열심히 일해 주인의 눈에 들려고 했다. 그런데 한 번은 실수로 미끄러지면서 재떨이를 여러 개나 깨뜨린 적 있었다. 식당 주인은 저쪽에서 나를 지켜보다가 정리를 마치기를 기다려 부르는 것이었다. 식당 주인은 중국 사람이었다. 그는 "도대체 어떻게 일을 하는 거야?"하고 호통 쳤다. 나는 얼른 죄송하다고 말했다. 그는 "난 네가 누군지 알아"하고 말했다. 루쉰의 손자임을 안다는 것이었다. 나는 속으로 난 나일 뿐이니 루쉰을 끌어들이지 말았으면 좋겠다고 생각했다. 식당 주인은 이어서 "네가 여기서 아르바이트를 하고 있는 시시각각 나는 모두 돈을 지불하고 있다, 그러니 네가 누구든 관계없이 일을 제대로 해야 한다"고 말했다. 그 말을 듣고 나는 등골이 서늘해 났다. 그때까지 그런 훈계를 들어본 적이 없었기 때문이다. 하지만 진지하게 생각해 보면 그의 말이 틀리지 않았다. 나는 내가 일해 돈을 받고 있는 셈이니 응당 그가 만족하도록 일해야 했던 것이다.

두 번째 사건은 1993년에 있었던 일이다. 그때 나는 거의 3년의 시간을 들여 "중국 유명 도자기 전시회"라는 대형 전시회를 개최했다. 이 전시회는 일본 측 TV방송국과 공동으로 개최한 것으로, 당시 센세이션을 불러일으켰다. 왜냐하면 처음으로 중국 도자기 정품을 모두 모아다 전시했기 때문이었다. 타이완 지역과 홍콩 지역 및 미국 민간에 있는 최상급 수장품들이 모두 나왔다. 그 준비 과정은 더 말할 것도 없이 어려웠다. 이 전시회의 준비를 위해 나는 '국제큐레이터'라는 명함까지 만들었다. 일본 TV방송국의 후지쇼 씨는 평생을 전시회 관련 일을 해왔는데 나의 명함을 보고는 그냥 웃기만 하는 것이었다. 그런데 전시회를 준비하는 과정에 자그마한 실수가 생겼다. 후지쇼 씨는 내게 왜 그런 실수가 생겼느냐고 힐문했다. 나는 문제가 생기면 보완하면 되지 않겠느냐고 대답했다. 그럼에도 그는 여전히 "왜 사전에 이 같은 일이 발생할 것을 예견하지 못했느냐"고 따졌다. 후지쇼 씨는 평소에는 아주 상냥한 사람이었는데 이때만은 아주 엄숙하게 말했다. "당신의 명함에는 '국제큐레이터'라고 쓰여 있습니다. 하지만 당신이 일하는 것을 보면 국제큐레이터로서의 전문적인 수준은 안 갖춰진 것 같습니다". 그 말에 나는 정말 부끄럽고 괴로워했다.

나는 불현듯 할아버지의 글이 생각났다. 그 글에서 할아버지는 일본사람은 무슨 일을 하나 아주 진지하게 한다고 했다. 그러니 진지하게 일하지 않는 중국 사람은 당연히 운이 좋을 수 없다고 했다. 그럼 어떻게 해야 한단 말인가? 이 일을 통해 나는 허울만 좋은 사람이 아니라, 유능한 사람, 프로페셔널한 사람이 되어야겠다고 생각했다.

그날 이후부터 전시회가 개막하기 전까지 거의 1년여 시간에 나는 모든 세부적인 것들까지 모든 공력을 기울였다. 그리고 모르면서도 아는 척하지 않았고 모르는 것이 있으면 여러 사람들에게 가르침을 청했다. 그래서 후에는 한 번도 실수를 저지르지 않게 되었다. '중국 유명 도자기 전시회'는 일본 도쿄 긴자의 미쓰코시(三光)백화점에서 성황리에 개막되었다. 이날 일본 TV방송국은 이 백화점 맨 위층에서 축하회를 베풀었다. 그리고 건배

제의와 더불어 갑자기 저우링페이에게 시상을 한다고 선포했다. 나는 깜짝 놀랐다. 일본 TV방송국 사장은 상장을 들고 "국제 큐레이터 저우링페이가 이번 전시회를 위해 기여한 데 대해 깊은 감사의 인사를 드린다"고 읽었다. 나는 눈물을 금할 수가 없었다. 3년간 겪어 온 힘든 여정이 이 한 마디로 인정받았던 셈이다! 나는 반드시 유능한 사람이 되어야 했다. 아무리 루쉰의 손자라고 하더라도 자신을 대표해 뭔가를 할 수 있어야 했다.

부자가 함께 저우 씨네 가문으로 복귀하다

어릴 적부터 아버지는 나에게 할아버지에 대한 이야기를 하지 않으셨다. 아버지도 나와 마찬가지로 오랜 세월 동안 유명인의 후손이라는 부담감 때문에 자아를 찾지 못하고 있었던 것이다. 아버지는 항상 머리를 숙이고 다녔으며, 아주 조용하고 신중한 모습을 하고 계셨다. 그가 왜 나를 군에 보냈는지, 왜 출국시켰는지 나는 잘 알고 있었다. 하지만 아버지 자신은 몸을 사리고 사실 수밖에 없었다. 아버지도 때로는 "너무 힘들다"고 말씀하셨다. 나는 아버지가 얼마나 주위로부터 속박을 당하고 살아오셨는지를 이해할 수 있었다. 많은 사람들이 다 할 수 있는 일도 그는 '루쉰의 아들'이기 때문에 해서는 안 되었다.

2000년 이후부터 나는 자주 집에 돌아가 아버지를 도와 물건을 정리하곤 했다. 그러던 어느 날 무심코 필름이 가득 담긴 박스를 발견했다. 나는 직업적인 민감성으로 이건 분명히 보배로운 것이라고 생각해서 슬그머니 그 필름들을 스캔하여 인화해 보았다. 그때 나는 놀라움을 금치 못했다! 그 사진들 속에는 가치 있는 것들이 너무 많이 들어있었다! 명인들, 특히 중화인민공화국 건국 직전 홍콩으로부터 동북에 이르기까지의 민주인사들이 많았다. 그리고 시민들도 있었다. 특히 사회 밑바닥에서 사는 일반 서민들의 생활상이 많았다. 중국에는 40~50년대의 사실적인 사진들이 매우 적게 남아 있다. 아버지의 촬영은 바로 이 시기 중국의 공백을 메운 셈이었다. 나는 다른 일들을 다 그만둔 채 내게 있는 지금을 꺼내 아버지를 위한 사진전을 준비했다. 나는 망설이는 아버지를 설득해 사진 160여 점을 골라 2009년 베이징 공자사당에서 "화장함(鏡匣) 속의 세상 – 저우하이잉(周海嬰) 팔순 사진전"을 개최했다. 이 사진전은 엄청나게 큰 반향을 불러일으켰다. 사진전이 시작되던 날 아버지는 조마조마한 마음으로 진땀을 흘리셨다. 그러다가 후에 사람들이 사진이 좋다고 해서야 시름을 놓으셨다.

이 사진전은 그의 개인적 성취를 인정한 것이었다. 아버지는 마침내 가슴을 쫙 펴고 늠름한 모습으로 기뻐했다. 그날 저녁 나는 아버지를 위해 80세 생일연회를 마련했다. 아버지는 "평생 동안 그다지 즐겁게 지내지를 못했는데 오늘은 참으로 기쁘구나. 사람들이 나를 촬영가라고 불러주었다. 나도 마침내 나 자신이 되어 본 것이다."라고 말씀하셨다. 그날 저녁 아버지는 기분이 너무 좋아서 많은 술을 드셨다.

사진전이 있은 후, 아버지는 아예 다른 사람이 된 것 같았다. 아버지는 나에게 루쉰을 위해 뭔가를 해야 하는데, 자신은 이미 시간도, 정력도 안 되겠으니 나에게 노력하라는 것이었다. 나는 중국에서 '루쉰문화재단'을 설립해야 기회도 생기고 힘도 있을 것 같다고 말했다. 아버지는 두 손 들어 찬성하셨다. 2009년 10월부터 나는 '루쉰문화재단'을 설립하기 위해 바쁘게 움

직였다. 하지만 불행히도 2010년 아버지는 불치의 병으로 병원에 입원하신 후 끝내 퇴원하지 못하시고 말았다. 2011년 4월 6일 오후, 나는 병상에 누워있는 아버지에게 재단 설립이 비준을 받았다고 말씀드렸다. 내가 아버지의 손을 잡자 아버지는 손가락으로 내 손바닥을 가볍게 두드렸다. 이튿날 이른 아침 아버지는 세상을 떠나셨다. 세상을 떠나시기 전에 아버지는 "루쉰은 우리 저우 씨 가문의 자랑이다. 그는 현대 중국문화를 위해 커다란 역사적 공헌을 하셨다. 루쉰의 후대 및 가족으로서 우리는 대대로 그의 위대한 업적을 기억하고, 그의 사상을 선양하고 그의 정신을 전파하는데 사명과 책임이 있음을 잊어서는 안 된다. 우리 후대들이 오늘부터 영원히 루쉰을 기념하고, 루쉰 사상을 전파하는 여러 가지 행사에 적극 참여하며, 자발적으로 루쉰기념사업의 발전에 관심을 두기 바란다."는 유언을 남기셨다.

나는 2000년부터 사회봉사활동을 시작했고, 점차 루쉰에 관한 전파 및 보급 활농을 시작했다. 루쉰에 관한 전시회나 강연을 하면서 대중에게 진실한 루쉰, 여러 시각에서 보는 루쉰을 소개했다. 예를 들면, 루쉰은 키가 160cm밖에 되지 않는다. 루쉰은 또 문학 외에도 기타 여러 가지 공헌도 했다. 그는 또 유머적이고 짓궂은 장난을 좋아했다. 이때의 나는 할아버지를 대함에 있어서 더 이상 긴장하지 않았고, 어색해 하지 않았으며, 오히려 영광스러워 했고 자신감이 넘쳤다. 나는 내 생명 속에도 그가 있다고 느껴졌다. 나는 할아버지와 내가 많은 공통점이 있다는 것을 발견했다. 즉 "농담하기 좋아하고 짓궂은 장난을 좋아한다. 맛있는 음식이라면 오금을 못 폈고, 술도 잘 마신다. 고생을 두려워하지 않고 끈기가 있다. 다 같이 뱀띠이며 영화 보기를 좋아한다…" 그리고 할아버지는 기분 나쁘면 이사를 가셨는데 일생 동안 일고여덟 번은 이사를 하셨다. 나도 일고여덟 번 거주지를 옮겼다. 나의 DNA, 나의 생명 속에는 그의 그림자가 있고 그의 유전자가 있다. 나는 과거 그에게서 도망치고 싶었지만 지금은 점점 더 가까이에 다가가고 있다. 그를 위해 일하고, 그의 가르침을 받고 있다. 이제 나는 그를 떠날 수 없게 되었다.

할아버지를 통해 아버지와도 더 가까워졌다. 할아버지를 통해 나와 아버지는 진정 하고 싶은 일을 할 수 있게 되었다. 루쉰문화재단 설립 준비를 하는 하루하루가 우리에게는 점차 집으로 돌아오는 느낌을 갖게 하였다. 그 느낌은 달콤하고 따뜻한 것이었다.

-세월에 부쳐-

자신의 삶을 살라

나는 할아버지 루쉰을 본 적이 없다. 하지만 그가 쓴 산문《죽음》속에 나오는 한 구절은 나에게 커다란 영향을 주었다. "나를 잊고 자신의 삶을 살라 — 그렇게 못한다면 진짜 바보다". 나는 잘못했으면 그런 바보가 될 뻔했다. 나는 과거에 필사적으로 그의 그림자를 피하려 했고, 심지어 자신의 신분을 부정하고 싶어 했다. 하지만 그것은 표면적인 것이고 형식적인 것이었다. 할아버지는 사람들이 자신을 잊기를 바랐다. 하지만 어찌 잊을 수 있겠는가? 그는 우리의 마음속에 살아계신다. 우리는 영원히 그를 기억하고 있을 것이다. 사실 우리 모든 후손들은 책임감과 사명감이 있어야 한다.

그 책임이 크든 작든, 사명이 무겁든 가볍든 가문을 위해서는 그것을 지킬 수 있어야 하는 것이다.

내가 아이들에게 하고 싶은 말은 다음과 같다. "너희들은 증조부가 왜 위대하다고 하는지 궁금해 할 수도 있다. 하지만 난 너희들에게 증조부에 대해 거의 말하지 않았다. 왜냐하면 너희들도 나처럼 혹은 너희 할아버지처럼 유명인의 후대라는 구속감을 받지 않기 위해서였다. 하지만 오늘은 너희들에게 말하고 싶구나, 너희들은 루쉰의 후대들이라는 것을 말이다. 너희들은 반드시 기억해야 한다, 루쉰이 우리 가문의 사람이라는 것을 말이다."

감사합니다, 우리 집!

2
리창위(李昌钰)

세계에서 이름난 형사사건 감식 전문가로서 미국 코네티컷 주 경찰청장을 역임했다. 미국에서 최초로 주(州)급 경찰계 최고위 직에 오른 중국계 미국인으로, 미국 형사 분야에서 뛰어난 인물에게 주는 봉사상·미국법정과학학회 공로상·국제감식학회 종신영예상·세계에서 걸출한 중국인상 등을 수상하였다.

리창위의 부친은 원래 성공한 사업가였으나 '태평륜호 사건'으로 어려움을 겪었으며, 리 씨네 집안을 하룻밤 사이에 밑바닥으로 추락시켰다. 리창위의 어머니 리왕안포(李王岸佛)는 중국 전통문화 방법으로 아이들에게 처신에 관한 교육을 하여 13명의 자녀가 모두 각자의 전공 방면에서 최고 학위(그중 대부분은 박사 학위)를 따내도록 했다.
돈이 없어도 깨끗해야 한다

-이야기-
최선을 다 하다

나는 장수(江苏)성 루까오(如皋)시에서 태어났다. 어릴 때에는 아버지가 장사를 하여 가정형편이 매우 좋았다. 후에 아버지는 온 가족을 이끌고 상하이로 갔다. 1948년 어머니는 아이들을 데리고 먼저 타이완에 가 자리를 잡았다. 1949년 1월 아버지는 '태평륜'호를 타고 집에 돌아와 설을 쇠려 했다. 하지만 배가 적재량을 초과한데다가 야간에 항행등을 켜지 않아 다른 배와 부딪쳐 침몰되었다. 이 사건은 우리 온 집에 커다란 변화를 가져왔고 내 일생을 바꿔놓았다.

'태평륜호 사건'은 중국의 타이타닉 사건으로 불린다. 그때 나는 겨우 여덟 살이었다. 섣달 스무여드레, 혹은 스무아흐레 저녁이었다. 우리 온 집 식구들은 즐거운 마음으로 아버지가 집에 돌아오기를 기다리고 있었다. 어머니는 요리를 하느라 바빴고 아이들은 분재로 '푸라이공원(父来公园)'이라는 글자를 만들었다. 그런데 후에 이상한 느낌이 들기 시작했다. 어머니가 요리를 만들지 않고, 설맞이 용품도 준비하지 않은 채 형들과 누나들과 함께 울고 있었다. 후에야 나는 '태평륜호'가 사고를 당했다는 걸 알게 되었다. 어머니는 둘째 형님과 함께 비행기를 타고 사고 해역에 갔는데 결국 아무것도 찾지를 못했다. 아버지의 갑작스런 사망은 청천벽력과도 같았다. 우리는 집안의 기둥을 잃게 되었다. 과거 아이가 많아 행복하다던 우리는 심각한 생활난을 겪게 되었다. 그때 어머니는 겨우 40대였는데 혼자서 우리 13명의 자녀들을 키워내겠다고 결심한 채 재혼하지도 않았을 뿐만 아니라 아이들을 고아원에 보낼 생각은 더더구나 하지 않았다. 어머니는 우리 모두에게 매우 관심을 두었다. 생활을 꾸려나가는데 관심을 두었을 뿐만 아니라 학업에도 관심을 두었다. 그러므로 나는 사람들에게 어머니는 어머니일 뿐만이 아니라 아버지이기도 했다고 말한다.

그러므로 나는 사실 편모슬하에서 자란 것이나 다름없었다. 집에는 형제자매가 매우 많았다. 나는 항렬로 11번째였는데, 남자아이 치고는 막내였다. 어머니는 정식 교육을 받지는 못했지만 선비 가문에서 태어나 많은 시들을 읽었다. 어머니는 부모님의 영향을 많이 받아 중국의 전통미덕을 많이 지니고 계셨다. 아버지가 세상을 떠나신 후, 우리는 생활이 어려웠지만 여전히 행복하게 살았다. 어머니는 아이들을 돌보는 한편 밥을 짓고 빨래를 했으며 집안을 깨끗하게 정리했다. 항상 아침 일찍 일어나 저녁 늦게까지 일을 했다. 생계를 유지하기 위한 압력도 매우 컸다. 어머니는 몇 주일에 한 번씩 골동품과 장신구·서화들을 팔아야 했다.

생활이 어려웠으므로 나는 어릴 때 형들의 옷을 물려받아 입었다. 그 옷들은 매번 어머니가 깨끗하게 수선해 주고는 하셨다. 그리하여 낡은 옷이었지만 매일 깨끗하게 차려입을 수가 있었다. 당시 우리는 얼마나 가난했던지 아이들에게 1년에 신발 한 켤레밖에 사 주지를 못했다. 그럼에도 불구하고 어머니는 우리가 꼭 신발을 신고 문을 나서게 했다. 아무리 가난해도 맨발로 다녀서는 안 된다고 하셨다. 그때는 집에서 학교까지 몇 리를 걸어가야 했는데, 비오는 날이면 나는 집을 나서는 순간 신발을 벗고 맨발로 갔다가 학교에 도착해서는 다시 신고 들어가 곤 했다.

그렇게 어려운 환경에서도 우리 가족은 아주 화목했다. 형들과 누나들은 동생들을 잘 보살폈다. 형들과 누나들은 대학을 졸업하자 곧 일자리를 찾았고, 월급을 모두 어머니께 드려 가정살림에 보탬이 되게 하였다. 나도 중학교 때 과외시간에 신문배달을 해 번 돈을 모두 어머니께 드렸다. 중학교에 다닐 때 큰누나와 형부가 장화(彰化)에서 일했는데, 가정 부담을 덜어주기 위해 나에게 큰누나네 집에 가 있으라고 했다. 집을 떠나기 전 어머니는 나에게 짐을 꾸려주시며 바느질 상자를 주셨다. 나에게 옷이 해지면 제때에 수선해서 입으라는 것이었다. 하지만 그 바느질 상자를 쓸데없이 열어보지는 말라고 하셨다. 나는 그게 무슨 뜻인지 알 수가 없었다.

하루는 궁금한 마음에 그 바느질 상자를 열어보았다. 안에는 돈 5원이 들어 있었다. 지금에서 말하면 아주 적은 돈이지만 그 돈에 깃든 의미는 대단한 것이었다. 나는 그 돈이 아까워서 줄곧 쓰지 않고 있다가 나중에는 어머니에게 돌려그렸다. 지금 생각하면 좀 후회가 되었다. 그 돈을 기념으로 남겨뒀더라면 좋았을 걸 하는 마음에서다.

그때 고향에서는 많은 친척, 친구들이 우리를 따라 타이완에 왔었는데 모두 우리 집에서 묵었다. 어머니는 매일 밥을 해서는 친척·친구들에게 먼저 대접하고, 그 다음에야 아이들이 먹게 했다. 어머니 자신은 나중에 남은 것들로 대충 때우셨다. 어머니에게 왜 꼭 그렇게 해야 하느냐고 물었더니 다른 사람을 대함에 있어서 친절해야 하고 최선을 다 해야 한다고 말했다. 그때 나는 나이가 어렸으므로 어머니가 하시는 일에 이해가 가질 않았다. 하지만 좀 커서는 그것이 어머니의 처세 철학이라는 것을 알게 되었다. 즉 사람마다 최선을 다 한다면 이 세상은 더 아름다워지리라는 것을 말이다. 오늘날에 와서도 그 말을 되새겨 보면 어머니가 얼마나 위대한가를 느낄 수 있다. 나의 인상 속 어머니는 항상 바쁘셨다.

아침에 우리가 아직 일어나지 않았을 때 먼저 일어나서는 밥을 하고 나갈 채비를 하셨다. 그리고는 아이들을 깨웠다. 매일 아침 우리는 어머니의 지휘에 따라 '출발'했다.

형은 어디로 가야하고, 누나는 또 어디로 가야 하는지 등 애들마다 마다에게 분명히 말해 주시고 나서는 "됐다, 이제 떠나거라"하고 말씀하셨다. 어머니 자신은 아주 소박하고 깔끔한 중국식 긴 바지를 입었다. 지금 생각해 보면 어머니는 참으로 위대한 리더이셨다. 우리 온 가족을 이끌어 오신 것이다.

내 머릿속에는 항상 이런 화면이 있다. 매일 저녁 우리 온 집안 식구들은 둥근 테이블 옆에 둘러앉는다. 그것은 집에 있는 유일한 테이블이었는데, 밥상이기도 하고 책상이기도 했다. 저녁 식사가 끝나면 어머니는 등불 아래에서 옷을 수선했고, 우리는 공부를 했다. 때로는 우리와 한담을 나누기도 했다. 고향 이야기를 하거나 학교의 근황에 대해 물어보기도 했다. 공부를 하면서 모르는 것이 있으면 큰 애가 작은 애를 가르치고, 작은 애들은 큰 애에게 물어보았다. 지금 생각해도 여전히 그리운 정경이다.

어머니는 온 힘을 기울여 아이들을 키웠고, 아이들의 공부를 독촉했다. 하지만 아이들에게 꼭 100점을 맞아야 한다고 강요하지는 않았다. 공부하는데 노력하지 않고 90점을 맞아도 좋아하지 않으셨고, 노력을 기울였다면 80점이나 70점을 맞아도 아주 만족스러워 하셨다. 나는 어렸을 때 머리가 좋았으므로 공부에 집중하지 않아도 성적이 좋았다. 그때마다 어머니는 대충대충 하면 안 된다고 훈계해주셨다. 무슨 일을 하든, 머리 좋은 것만 믿고 최선을 다 하지 않으면 안 된다는 것이었다. 어머니의 교육은 나의 일생에 커다란 영향을 주었다.

뭐나 다 상의할 수 있다

가정 형편이 좋았을 때 부모님은 우리가 커서 엔지니어링이나 경영학을 공부하기를 희망하셨다. 아버지의 갑작스러운 부음(訃音)은 우리의 인생 궤적을 바꾸어 놓았다. '태평륜호 사건'이 없었더라면 나는 미국에 가지도, 형사사건 감식에 관한 일을 하지 않았을지도 모른다.

어렸을 때 나는 어머니의 말을 잘 들었다. 중요한 선택에 직면해서는 어머니와 상의를 했다. 나에게는 세 번의 중대한 선택의 기회가 있었다.

첫 번째는 타이완 지역의 연합고사이다. 이는 오늘날 대륙의 대학입시와 같았다. 시험에 통과된 나는 해양대학에 합격했고, 졸업하면 선장이 될 수도 있었다. 그 학교는 학비가 비쌌지만 어머니는 문제없다고 하셨다. 형과 누나들도 모두 도울 것이라고 했다. 하지만 나는 어려서부터 독립적이었고, 자신의 힘으로 공부할 수 있기를 바랐다. 그때 마침 경찰대학에서도 학생을 모집했다. 경찰대학은 학비를 받지 않았을 뿐만 아니라 매달 50원씩 수당까지 줬다. 그리하여 나는 경찰대학에 가기로 마음먹었다. 하지만 어머니는 그렇게 생각하지 않으셨다. 옛날 관념에 따르면, 경찰이란 배운 것도, 재주도 없을 뿐만 아니라 국민을 속이는 사람들이었다. 나는 어머니에게 먼저 1년 동안만 경찰대학에서 공부하게 허락해 달라고 말했다. 그러자 어머니도 마지못해 그 학교에 가 보라고 허락을 해주셨다. 그래서 1년이 지난 후에도 여전히 동의하지 않으시면 전학을 하겠다고 말씀드렸다. 어머니는 경찰대학에 가 본 후 학교가 괜찮다고 생각하셨다. 게다가 1년 사이에 나는 학교에서 잘 먹고, 운동을 많이 했으므로 몸이 아주 튼튼해졌다. 그리고 나는 줄곧 이공과목을 좋아했고, 무슨 일이든 아주 착실하게 했으므로 어머니도 끝내는 동의하시고 말았다.

두 번째는 배우가 되려 했던 일이다. 내가 경찰대학에 간 지 1년 후, 홍콩 사오씨(邵氏)회사에서 타이완에 와 배우를 모집했다. 무예가 있고, 젊고 잘생긴 경찰들 중에서 모집했다. 학교의 모든 학생들을 줄 세워 놓고 고르도록 했는데 내가 단번에 선택되었던 것이다. 나는 집에 가 이 일을 어머니에게 알렸다. 경찰이 되는 것을 반대하는 이상, 전공을 바꿔 배우가 되겠다는 것이었다. 그런데 생각지도 못한 것은, 어머니는 내가 경찰이 되는 것보다도 배우가 되는 것을 더 싫어하셨다. 이번에는 어머니의 말씀에 따랐다. 후에 리샤오룽(李小龙)이 이름 날리게 되자 나는 어머니에게 "원래는 리샤오룽이 아니라 내가 유명세를 타야 하는 건데 어머니 때문에 일을 그르치고 말았다"고 농담을 한 적이 있다.

세 번째는 결혼이다. 나는 순경으로 있으면서 타이완에 와 공부하는 쏭먀오쥐안(宋妙娟), 즉 지금의 아내를 알게 됐다. 우리가 연애를 할 때 양측 부모들이 모두 반대했다. 나는 일찍이 어머니에게 박사과정을 마치고 나서 결혼하겠다고 약속한 적이 있었다. 나와 쏭먀오쥐안은 여러 날을 고민한 끝에 어머니에게 편지를 쓰기로 했다. 나는 편지에서 박사 공부는 꼭 할 것이나 인연이란 하늘이 정해준 것이기 때문에 이 기회를 놓치면 아마 영원히 놓칠 수 있을지도 모르므로 결혼을 해야겠다고 썼다. 우리는 결혼 후 한 번도 떨어진 적이 없다. 그녀가 나를 보살피고 나도 그녀를 보살폈다. 어머니도 나의 아내를 아주 좋아하셨다. 나는 참으로 행운이 있다고 생각한다. 좋은 어머니가 있는데다 또 좋은 아내까지 있으니까 말이다.

　어머니에게 한 약속을 지키기 위해 나는 불가능에 도전했다. 타이완의 경찰대학에서 공부하는 동인 나는 가끔 억울한 누명을 쓰는 사람들이 있다는 것을 알게 되었다. 그래서 과학적 증거로 사건을 해명하는 것에 흥미를 갖게 되었다. 1964년 나는 미국으로 유학을 가 모든 것을 처음부터 다시 배우기 시작했다. 많은 학우들은 내가 멍청하다고 생각했다. 직접 석사공부를 하지 않고 대학 1학년부터 다시 시작했기 때문이었다. 하지만 나는 이렇게 해야만 과학적 기초를 잘 다질 수 있고, 법정에 나갔을 때 언어적으로도 문제가 없을 것이라고 생각했다. 기초적인 것이 제대로 갖춰져 있지 않으면 정작 손해를 보는 것은 자신이라고 생각했다. 대학 등록을 할 때 다른 학생들은 모두 19, 20세의 젊은 친구들이었지만, 나는 27살이나 되었다. 그들과 보조를 맞추며 공부한다면 아주 많은 시간이 걸릴 것 같았다.

　나는 빠른 시일 내에 공부를 마치기로 결심했다. 당시 미국에서 일반 대학생들은 한 학기에 학점을 14학점만 따면 되었다. 그러나 나는 20학점을 따기로 마음먹었다. 교수는 그건 불가능한 일이라고 했다. 나는 "시도도 해보지 않고 어찌 가능한지, 불가능한지를 결론 내릴 수 있겠습니까?"하고 대답했다. 결과적으로 나는 모든 과목이 다 A를 받았다. 이렇게 나는 불가능한 것을 가능한 것으로 만들었고, 결국 박사학위를 따냈으며, 어머니의 부탁을 완성할 수 있었다.

손해 보는 것을 두려워하지 않다

어머니는 늘 나에게 손해 보는 것을 두려워하지 말며, 시시콜콜 너무 따지지 말고, 대충대충 하지 말라고 말했다. 어머니는 우리에게 이렇게 가르쳤을 뿐만 아니라 자신이 솔선수범하였다. 어머니는 밥을 지을 때나 요리를 할 때, 옷을 수선할 때에도 아주 진지한 태도로 임했다. 아이들을 가르칠 때에도 마찬가지였다. 때로는 내가 어머니에게 좀 대충 대충하면 안 되겠느냐고 권고를 드리기까지 했다. 그럴 때면 어머니는 무엇이나 건성으로 해서는 절대 안 된다고 딱 잡아떼셨다. 그리하여 나도 공부를 하던, 일을 하던 간에 아주 진지하고 열심히 하는 습관이 생기게 되었다.

학교를 나온 후 일을 하면서 나는 세계 각지로부터 관리학 강의를 해달라는 요청을 받곤 했다. 사실 관리란 아주 간단한 일이다. 관리란 바로 사람을 관리하는 것이다, 사람을 관리하는 것은 또 사람의 마음을 관리하는 것이다. 여러 사람들이 한마음이 되어 힘을 합칠 수 있다면 가정·사회·나라가 모두 강성해질 것이며, 더 나아지게 마련이었다.

사람을 대함에 있어서는 꼭 그 사람의 마음을 대할 수 있어야 한다. 그러려면 우선 자신부터 품성이 곧고 올 바라야 한다. 제 자신마저 제대로 관리하지 못한다면 어찌 다른 사람을 관리할 수 있겠는가? 특히 경찰은 항상 많은 유혹에 직면하게 된다. 공정하지 못한 사람은 처음부터 유혹을 이겨낼 수가 없다, 그러면 그 사람은 한평생 아주 어려울 수도 있다. 자신을 관리할 수 있는 사람만이 가정을 잘 관리할 수 있고, 가정을 잘 관리할 수 있는 사람만이 사무실을 잘 관리할 수 있으며, 사무실을 잘 관리할 수 있는 사람만이 팀을 잘 이끌어갈 수 있는 것이다.

내가 실험실에서 약간의 성취를 따낼 수 있었던 것은 어머니가 무슨 일을 하던 절대로 대충 대충 해서는 안 된다고 가르쳐주셨기 때문이다. 특히 우리와 같은 직업은 아주 세심해야 한다. 나는 늘 현장 정찰은 단 한 번의 기회밖에 없기 때문에 아주 치밀하게 관찰해야 하기 때문에 모든 각도, 위에서부터 아래로, 안으로부터 밖으로 확실하게 관찰해야 한다고 말한다. 머리카락 한 오리, 섬유 한 오리도 경시할 수 없는 것이다. 우리가 꼼꼼하지 못해 물증을 제대로 찾아내지 못하면 그 때문에 한 사람이 평생토록 억울함을 당할 수도 있기 때문이다.

내가 뉴욕대학 생물화학학부 실험실에서 시험관을 세척하던 때의 일이다. 그때 우리 부서의 책임자는 조지라는 사람이었다. 출근 첫날 그는 나에게 시험관을 너무 빨리 씻을 필요가 없으며, 대충 씻으면 된다고 말했다. 내가 왜 대충 씻어도 괜찮으냐고 물으니 깨끗이 씻어도 사용 과정에서 또 지저분해지기 때문이라고 말했다. 당시 실험실은 모두 15개였는데 시험관을 세척하는 사람은 네 명 뿐이었다. 나는 조지에게 다섯 실험실의 시험관 세척을 맡겠다고 말했다. 조지는 "이 중국인은 멍청해서 셈 할 줄도 모른다"고 하며 제일 바삐 돌아가는 다섯 실험실을 내게 맡겼다. 나는 매일 일찍 가서는 시험관들을 깨끗하게 씻어놓았다. 그러던 어느 날 한 생물화학자가 나에게 "젊은이, 아주 부지런하구만 그래. 내가 돈을 지불할 수는 없지만, 실험하는 걸 도와줄 수가 없겠나?"하고 묻는 것이었다. 나는 돈을 내지 않고 기술을 배울 수 있는 좋은 기회라고 생각하여 "좋습니다"하고 대답했다. 이번에도 조지는 나를 멍청하다고 했다. "돈을 주지 않는데 왜 그를 도와 일을 하려는 거야" 하고 나무라는 것이었다. 그러나 결과적으로 나는 1년 후에 승진을 했지만, 조지는 계속 시험관을 씻어야 했다. 그리고 나서 나는 박사공부를 마쳤고 교수가 되었다. 하지만 조지는 여전히 시험관을 씻고 있었다. 조지도 마침내는 "자네가 옳았어"하고 말했다. 이렇게 경찰이던 나는 생물화학을 전공했고, 공부를 마치고 나서는 교수가 되었으며, 형사사건 감식과의 주임이 되었으며, 나중에는 주 경찰청 청장까지 지냈다.

1998년 미국 코네티컷 주지사가 나에게 주 경철청 청장 직을 담당해 줄 것을 요청해왔다. 미국 역사상 200여 년 동안 주 경찰청 청장을 지낸 사람은 모두 백인이었다. 처음에 나는 그 요청을 받아들이지 않았다. 경찰청장이 매일 하는 일이란 회의를 하는 것밖에 없다고 생각했으며, 그것은 생활을 낭비하는 것이라고 느꼈기 때문이었다. 주지사는 어머니를 동원해 나를 달래게 했다. 어머니는 "왜 요청을 받아들이지 않느냐?"고 물었다. 나는 "의미가 없는 일이에요"라고 대답했다. 어머니는 무슨 일을 하던 자신 생각만 고집하는 게 아니라고 말했다. 미국에는 아시아 출신 경찰이 5,000여 명이 있었지만, 대부분 하위직이며 지금까지 경찰청장을 지낸 사람이 한 사람도 없었다. 어머니는 "미국 사회에는 보이지 않은 '지붕'이 있는데 이 '지붕'에 올라갈 수 있는 능력을 갖춘 사람은 많지만, 기회는 항상 먼저 백인에게 주어지고, 유색인종에게 주어지지 않는다"고 말씀해 주셨다. 그리고 "내가 이 틀을 깨면 앞으로 동방사람들에게 더 많은 기회를 가져다 줄 수 있을 것이다"라고 말씀하셨다. 나는 어머니에게 설득되어 경찰청장 직무를 두 임기 동안이나 수행했다. 뿐만 아니라 진지하게, 열심히 직무를 이행했다. 미국의 경찰청장은 할 일이 너무 많다. 날마다 크고 작은 일들이 겹쳤다. 인종분쟁이 있는가 하면 경찰 살인사건도 있었다. 이러한 것들을 제대로 처리하지 못하면 전 사회적으로 소란을 야기할 수도 있다. 하지만 이 모든 것들을 진지하게 처리한다면 제대로 못할 것도 없었다. 나는 나의 경력으로 중국인들이 미국에서 경찰청장을 맡을 수 있을 뿐만 아니라, 다른 사람들보다 더 잘 할 수 있다는 것을 전 세계에 증명했다.

우리는 인생의 모든 단계에서 다 어려움에 부닥칠 수가 있다. 이때 가장 중요한 것은 당신에게 꿈이 있느냐의 여부이다. 꿈이 있는 사람은 매일 착실하게 매사에 빈틈없이 일할 수 있다. 그렇게 1년이 지나 되돌아보면 당신은 이미 많이 앞으로 나와 있다는 것을 알게 된다. 나는 줄곧 어머니의 가르침을 잊지 않고 꼼꼼하고 착실하게 일해 왔다. 노력을 하면 반드시 성공할 날이 있게 되는 것이다.

-세월에 부쳐-
돈이 없어도 깨끗해야 한다

"돈이 없어도 깨끗해야 한다"는 말은 내가 어릴 때 어머니가 늘 하시던 말씀이다. 당시는 옷을 깨끗하게 입어야 한다는 뜻으로 이해했다. 어른이 되어서야 어머니의 이 말에는 아주 깊은 철리(哲理)가 숨겨져 있음을 발견했다. 처세나 일처리에서 정정당당해야 하며, 아무리 가난해도 불의의 재물을 탐내서는 안 된다는 것이었다. 못살아도 공명정대해야 하며, 품성이 깨끗해야 한다는 것이었다. 어머니는 우리 13명의 아이들을 키워냈을 뿐만 아니라 우리 모두가 정정당당한 사람이 되도록 교육시켜 주셨다. 국가와 사회, 그리고 인류를 위해 조금이라도 기여를 할 수 있어야 하며, 자신이 중국인임을 잊지 않도록 했다. 지금도 나는 어머니가 한 말들이 생각날 때마다 감동을 금할 수가 없다.

 가난한 가정에서 자라서 그런지 모르겠지만, 돈은 나에게 남다른 의미가 있다. 지금은 생활이 좋아졌지만 나는 여전히 돈을 대단하게 여기지 않는다. 막 미국에 갔을 때는 매우 힘들었다. 학비와 생활비를 벌기 위해 나는 세 가지 아르바이트를 해야 했다. 뉴욕 대학병원에서 일한 것 외에도 식당에 가서 아르바이트를 했으며, 주말에는 또 쿵푸를 가르치러 다녔다. 현재 나는 금전적으로 능력이 되므로 젊은 사람들이 꿈을 실현할 수 있도록 돕기 위해 장학금을 설립했다. 어머니는 우리에게 "다른 사람을 돕는 것만이 진정한 성공이다"라고 가르치셨다.

 어머니는 우리에게 늘 고향을 잊지 말고, 조국을 잊지 말라고 말씀하셨다. 어머니는 평소 우리와 루까오 방언으로 말하신다. 그래서 우리도 모두 루까오 방언을 할 줄 안다. 어머니의 100세 생일에 나는 "어떤 선물이 필요하신지요?" 하고 여쭤보았다. 어머니는 "다른 건 다 필요 없고, 다만 고향에 돌아가 아이들에게 학교를 지어주고 싶구나!"하고 말씀하셨다. 2001년 9월 17일 어머니가 기증한 돈으로 건설한 루까오사범 부속소학교 안포(岸佛)운동장이 완공됐다. 나는 100세 노모의 부탁으로 다시 고향에 갔다 오게 되었다.

돌아오기 전 나는 고향의 푸른 벽돌 한 장과 흙 한 봉지를 담아서 뉴욕에 살며 밤낮으로 고향을 그리는 어머니에게 가져다주었다.

어머니는 임종 전 아이들에게 우리 모두가 중국 사람이고, 중국 사람의 피, 중화민족의 피가 흐르며, 뿌리는 중국에 있다는 걸 잊지 말라고 당부하셨다. 나는 지금 13살인 손자에게 이렇게 말하고 싶다. "사랑하는 유리(友力)야! 내가 너에게 말하고 싶은 것은, 우리가 중국 사람임을 영원히 잊지 말았으면 하는 것이다. 너의 할아버지, 즉 나는 리창위이고 너의 할머니는 쏭먀오쥐안이며, 증조할머니는 리왕안포(李王岸佛)이다. 우리의 원적지는 중국 장수성 루까오시이다. 그때 너의 증조할머니가 너의 할아버지를 데리고 이 세계로 나온 것이다. 고향에는 너의 뿌리가 있다. 나는 네가 꼭 조국에 돌아가 보기를 바란다. 그리고 고향에 관심을 두고 친족을 돌보며 성실하게 사람을 대하기를 잊지 말아라. 오늘날 중국의 꿈은 해외에 나가 있는 많은 사람들을 각성시키고 있다. 나는 이 중국의 꿈으로 인해 조국이 점점 더 좋아질 것이라 믿는다. 중국의 꿈이 있으므로 해서 사람들은 더 진지하게 모든 일을 대할 것이며, 또한 더 성실하게 하루하루를 살 것이며, 그리하여 최종 목표를 달성할 수 있을 것이다. 너의 아버지 리샤오웨(李孝约), 고모 리샤오메이(李孝美)는 모두 미국에서 태어났고, 미국에서 성장했지만 그들의 몸에는 여전히 중화민족의 피가 흐른단다.

너도 마찬가지이다. 나는 네가 꼭 기억해 두기를 바란다. 앞으로 네가 세계 어디에 가든 너의 등 뒤에는 시종 한 나라가 있단다. 이 나라는 너의 강력한 후원자이다. 이 후원자의 이름이 바로 '중국'이다. 중국은 세계에서 현존하는 가장 오래된 문명국가이다. 우리는 세계에서 가장 오래된 역사와 문화가 있다. 그러니 너는 중국 사람임을 자랑스러워해야 한다.

유리야! 공부를 잘해서 당당한 사람이 되거라. 부모님께 효도하고, 진지하게 일하며 최선을 다야 한다. 그리고 도전을 두려워하지 말고 용감해야 한다."

고맙습니다, 우리 집!

3
니핑(倪萍)

영화 《여군(女兵)》의 여주인공으로 연예계에 들어와 1990년 중국 CCTV
에 입사했다. 제13회 춘절(음력 설) 전야제 등 여러 대형 전야제에서 사회자
로써 명성을 날렸다.

바이옌쑹(白岩松)은 "학력이 있는 사람이 반드시 문화 소양이 있다고 말
할 수 없고, 학력이 없는 사람이 꼭 문화 소양이 없다고 말할 수 없다"고 한
적이 있다. 이 말은 니핑의 외할머니 류훙칭(刘鸿卿)을 두고 한 말이다.

니핑의 외할머니는 아무런 정규 교육도 받은 적이 없지만 일상적인 사소
한 일을 처리함에 있어서 중국 일반 여성의 순수함과 따뜻함 그리고 지혜
를 보여주었다. 그녀가 생명과 고난을 대하는 태도는 니핑에게 커다란 영향
을 미쳤다.

한 그릇밖에 없는 밥을 다른 사람에게 주고 자신은 굶는다면 도움
을 준 것이라 할 수 있지만, 한 솥 가득 다 먹을 수 없는 밥을 다른 사
람에게 한 그릇 주었을 때에는 그가 당신을 도운 것이라고 하는 게
맞는다

"군인의 운명이란 이렇습니다"

나의 막내 외삼촌은 군인이었다. 그는 한 달에 50여 위안씩 받아서 그중 40위안을 외할머니에게 보냈다. 외할머니는 막내 외삼촌이 보낸 돈으로 일상생활을 이어나갔다.

막내 외삼촌은 전우와 함께 지난(济南)에 갔다가 차 사고를 당했다. 그는 전우를 구하고 자신은 운전대 밑에 깔린 채 희생되었다. 부대에서는 나의 어머니에게 전화를 걸어 와 이 일을 알렸다. 어머니는 큰 외삼촌, 둘째 외삼촌과 함께 밤을 새워 지난에 갔다. 그들은 외할머니에게 이 일을 어떻게 알리면 좋을지를 몰라 안절부절 했다. 부대장이 외할머니를 만나러 올 때 구급차도 함께 왔다. 외할머니가 아들의 비보를 듣고 정신을 잃고 쓰러질까 걱정되어서였다. 하지만 외할머니는 기절해 넘어지지 않았다. 부대장이 입을 열기도 전에 "군인의 운명이란 국가를 위해서 일하는 것이죠. 운이 좋은 사람은 국가를 위해 일을 다 하고도 가족을 위해 일할 수 있지만, 우리 애는 그런 운이 없었던 것 같습니다. 국가를 위해 일하다가 죽었으니 할 수 없는 일이지요." 그날 외할머니는 눈물 한 방울도 흘리지 않고 문턱에 앉은 채 꼬박 하룻밤을 지새웠다. 아침에 깨어나 보니 외할머니는 잇몸이 모두 시뻘겋게 부어올라 있었다. 상초열(上焦熱)[11]이 올랐던 것이다.

---

11) 상초열(上焦熱): 상초란 횡격막 위의 부분으로, 심장과 폐를 포괄하는 부위를 이르는 말인데, 여기에 열이 있는 증상을 상초열이라고 한다. 이 열이 나면 목구멍이 붓고 입안이 헐며 머리가 아프고 눈이 충혈된다.

문 위의 "영광스러운 가정"이란 편액이 "영광스러운 열사 유족"으로 바뀔 때 할머니는 결국 황소울음을 터뜨리고야 말았다. 그 후부터 외할머니는 군인만 보면 막내아들이 생각나 한바탕 울곤 했다.

막내 외삼촌은 외할머니 댁 근처에 있는 열사 묘역에 묻혔다. 하지만 외할머니는 거기에 가보지 않았다. 외할머니는 "가 볼 필요 없다! 그 애는 줄곧 내 곁에 있으니까 말이다. 다른 사람은 보이지 않지만 나만은 볼 수 있다"고 말씀하셨다. 외할머니는 매달 8위안씩 주는 무휼금(撫恤金)12도 타 가지 않으셨다. 무휼금을 받는 것이 마치 아이를 먹는 것 같다고 생각했기 때문이다. 막내 외삼촌의 생일인 칠석날이면 외할머니는 장수면 한 그릇을 끓이곤 했다. 외할머니는 눈물을 흘리며 그 장수면을 다 드셨다. 눈물은 얼굴을 따라 목으로 흘러내렸고 가슴까지 흘러 들어갔다. 외할머니는 이렇게 30년 동안 장수면을 드시었다.

막내 외삼촌은 값어치가 있는 물건으로 세 가지를 남겼다. 손목시계 하나와 상록수나무로 만들어진 상자 하나, 그리고 담요 한 장이었다. 외할머니는 손목시계와 상록수로 만든 상자는 막내 외삼촌의 미혼 처에게 주고, 담요는 자신이 사용했다. "밤이면 아들을 지키기 위한 것"이라고 했다.

"착한 사람이 복 받는 것은 정해진 이치이다"

나는 무슨 일이든지 외할머니와 상의하곤 했다. 외할머니도 나를 아주 자

---

12) 무휼금(撫恤金): 어려운 처지에 있는 사람을 불쌍히 여겨 위로하고 물질을 베풀어 도움을 주는 것.

랑스럽게 생각하셨다.

2001년 중국여성발전기금회는 "어머니의 물탱크"라는 자선사업을 시작
했다. 나는 시하이구(西海固)에서 집집마다 더러운 물을 마시는 것을 보고
마음이 아팠다. 그래서 광고를 해 번 수익금 100만 위안을 내놓아 현지 사
람들에게 물탱크를 만들어 주기로 마음먹었다. 당시 1000위안이면 물을 여
과할 수 있는 물탱크 하나를 놓을 수가 있었다. 기부하기 전에 나는 이 일
을 두고 외할머니와 상의했다. "100만 위안을 기부하려고 하는데 외할머니
보기에는 어떠세요?" 외할머니는 "네가 마음먹은 일이라면 나는 무조건 다
찬성한다"고 말씀하셨다. 우리는 100만 위안을 기부한 후 요리를 적게 하
는 등 검소한 생활을 했다. 외할머니는 우리 아들이 작아서 못 입는 바지를
잘라서 여름에 입기도 했다. 그리고 집에 왔던 손님이 가기만 하면 바로 전
등을 껐다. 외할머니는 내가 돈이 없음을 알고 계셨던 것이다.

원촨(汶川)지진 당시에도 나는 100만 위안을 기부했다. 외할머니는 "좋은
일이다, 이건 생명을 구하는 돈이다"라고 말씀하셨다. 기부를 하고 나니 내
통장에는 몇 천 위안밖에 남지 않았다. 외할머니는 또 요리를 적게 만드시
기 시작했다. 낡은 바지를 수선하는가 하면 전등을 일찍 껐다. 다른 사람을
돕기 위해 자신은 손해를 보는 걸 외할머니는 좋은 덕목이라고 했다. 쓰촨
(四川)에 가 영화촬영을 하고 집에 돌아온 나는 외할머니에게 "식당에 가
밥을 먹었는데, 다 먹기도 전에 누군가 대신 계산해 줬어요, 그런가 하면 과
일을 사려고 하니 과일 파는 사람이 끝내 돈을 받지 않겠다고 하는 거예요,
그리고 신을 사도 돈을 받지 않았고, 우유를 사도 돈을 받지 않았어요."라

고 말했다. 외할머니는 "착한 사람이 복 받는 것은 정해진 이치다"라고 말씀하셨다.

우리 가정의 공평한 저울
나의 외할머니는 아주 공평하고, 슬기롭고, 총명하셨다.

아들이 어렸을 때의 일이다. 한 번은 부주의로 책상에 부딪쳤는데, 어머니가 아이를 달래기 위해 책상을 내리치며 책상 탓을 했다. 이때 외할머니가 오시더니 "이 책상에 눈이 있니?"하고 물었다. 아들이 없다고 대답하자, 이번에는 "그럼 다리가 있니?"하고 물었다. 아들은 또 없다고 대답했다. 그러자 외할머니는 "그럼 책상이 어떻게 너와 부딪쳤지?"하고 물으셨다. 아들은 "제가 층계에서 내려오다가 부주의로 책상에 부딪쳤어요."하고 대답했다. 외할머니는 "그럼 네가 책상에 부딪친 거로구나, 어서 책상에게 사과해라"라고 말씀하셨다. 우리 집은 늘 이처럼 공평했다. 아들은 나의 외할머니와 7년간 함께 생활했는데, 그 영향을 받아 꼬마친구들 속에서도 항상 공평하게 처사했다.

외할머니가 구신 떡은 겉모양이 누더기처럼 형편없었지만 맛은 아주 좋았다. 외할머니는 집에 사람이 많으면 누가 늦게 들어오든 먹던 음식을 남겨두는 법이 절대로 없었다. 꼭 사전에 음식을 덜어내서 남겨두시곤 하셨다.

한 번은 외할머니의 생신에 가난한 친척들이 찾아왔다. 친척들이 떠나가기 전 어머니는 집에 있는 헤어드라이 기며 전기다리미, 믹서 기 같은 것들을 그들에게 주려고 했다. 이에 외할머니는 "저 사람들은 그냥 먹을 사과조차 없는데 믹서 기를 줘서는 뭘 하겠니? 그냥 봉투에 돈을 넣어 주는 것보다 못하다"고 말씀하셨다. 우리는 급히 나가서 돈 봉투를 만들었다. 한 봉투에 5000위안씩 7개 봉투였다. 내가 "외할머니, 이만하면 돼요?"하고 묻자 "안 될 리가 있겠니? 그러나 네 고모가 언짢아하지 않도록 아예 헤어드라이 기랑 다 주자꾸나. 가져가기 힘들더라도 다 가져가게 주거라"하고 덧붙여서 말씀하셨다. 그 말씀에 모두가 다 기뻐했다.

외할머니는 몇몇 작가들을 좋아하셨다. 일례로 모옌(莫言)을 들 수 있다. 외할머니는 "사람들이 모옌이 못생겼다고 하는데, 내 보기에는 아주 잘 생겼다. 사람은 문화적 소양이 있으면 보기 좋고 문화적 소양이 없으면 별로지"라고 말씀하셨다. 나는 외할머니에게 장제(张洁)[13]의 「어머니의 주방(母親的廚房)」이라는 글을 읽어드린 적이 있다. 그런데 음력설이 되자 외할머니는 나에게 장제에게 만두를 가져다주라고 하셨다. 또 한 번은 내가 외할머니에게 스톄성(史铁生)의 「나와 지단(我与地坛)[14]」을 읽어드린 적이 있었다. 외할머니는 "얘 엄마는 오래 살지 못하겠구나, 얘가 많이 걱정하겠구나!"하고 말씀하셨다.

-세월에 부쳐-
한 그릇밖에 없는 밥을 다른 사람에게 주고 자신은 굶는다면

---

13) 장제(张洁) : 중국의 단편소설 작가.
14) 지단(地壇) : 제왕이 땅의 신에게 모시는 제단.

도움을 준 것이라 할 수 있지만, 한 솥 가득 다 먹을 수 없는
밥을 다른 사람에게 한 그릇 주었을 때에는
그가 당신을 도운 것이라 하는 게 맞는다

외할머니가 하신 말씀들은 다 이야기꺼리가 된다. 외할머니는 "한 그릇밖에 없는 밥을 다른 사람에게 주고 자신은 굶는다면 도움을 준 것이라 할 수 있지만, 한 솥 그득 다 먹을 수 없는 밥을 다른 사람에게 한 그릇 주었을 때에는 그가 당신을 도운 것이라 하는 게 맞는다"고 말씀하신 적이 있다. 이렇게 말씀하신 데는 이런 사유가 있었다. "과거 아주 가난하던 시기, 눈 오는 날 거지 할머니가 찾아왔다. '물 좀 주세요.' 외할머니는 물을 떠주려다가 '찬물을 마시면 얼마나 추울까?'하는 생각이 들어 부엌에서 마른 풀 한 움큼을 집어넣고 물을 끓이셨다. 물이 끓어오르자 외할머니는 또 '물만 가득 마시기보다는 그래도 쌀이 들어가야지'하는 생각에 아예 죽을 끓이셨다. 걸인 할머니는 죽을 다 드시고는 밤이 나사 옷섶을 헤쳤다. 그런데 안에는 아무것도 입지 않고 있었다. 이걸 본 외할머니는 또 몇 가지 내의를 주셨다." 후에 나는 외할머니에게 "그 사람은 거지에요? 아니면 신선이에요?"하고 여쭤보았다. 그러자 외할머니는 "네가 신선이라 생각하면 신선이고, 거지라고 생각하면 거지겠지"라고 대답해 주셨다. 음미할수록 일리가 있는 말씀이었다.

외할머니와 함께 한 지도 어언 50년이다. 그동안 외할머니의 공평함, 외할머니의 너그러움은 모두 나의 장점이 되어버렸다. 진정으로 외할머니에게 감사할 뿐이다! 외할머니가 살아오신 것과 비교해 보면 나는 아주 부유한

편이다. 외할머니는 2008년에 세상을 떠나셨다. 지금으로부터 꼭 10년이 된다. 지금 돌이켜보면 곁에 외할머니가 계셨던 것은 보물이 옆에 있었던 거나 다름없는 일이었다. 외할머니로부터 발굴해 낼 것이 너무나도 많다.

외할머니 같은 사람이 곁에 있으면 나쁜 사람이 되려고 해도 될 수 없을 것이다.

나는 우리 집안에 외할머니의 사랑하는 마음이 계속 이어져 내려갔으면 하는 바람이다. 곧 우리 집 가풍이 외할머니가 바라신 것처럼 선량하고, 평화로우며, 너그럽고, 유머적이기를 바란다. 나는 우리 아이가 이런 가풍을 이어받아 사회에 유용한 사람이 되기를 바란다. 또한 사랑할 줄 아는 사람이 되기를 바란다. 옆에 있는 사람을 사랑하고, 같이 일하는 사람을 사랑하며, 다른 사람들의 사랑을 받는 사람이 되기를 바란다.

고맙습니다, 우리 집!

말과 행동으로 모범을 보이다

4
샤오취앤(肖全)

많은 유명인들이 그의 카메라 앞에 섰다. 왜냐하면 그는 "중국 최고의 인물사진 사진작가"이기 때문이다. 그가 찍은 인물사진은 그의 일생에서 항상 최고의 사진이 되곤 했다.

샤오취앤의 부모는 항상 아들을 이해해 주고, 배려해 주었으며, 아들의 선택을 지지해 주었다. 그들은 은연중 아들이 처지를 바꾸어 생각해 볼 수 있도록, 이해심이 강해지도록 영향을 주었다. 이러한 품성이야말로 훌륭한 사진작가를 양성해 내는 데 있어서 중요한 것이다.

많이 이해해 주고 소통해야 한나

-이야기-
부모님은 나를 이해해 주셨다

부모님은 나의 성장과정에서 아주 많은 계시를 주셨다. 부모님은 우리 몇몇 자녀들의 생각과 취미를 보기만 하시면 최선을 다해 만족시켜 주려고 하셨다.

어릴 때 나는 취미가 다양했다. 그림 그리기도 좋아하고, 축구를 하는 것도 좋아했으며, 아주 일찍이 사진 촬영과 인연을 맺기도 했다. 당시 어머니는 우리 네 아이들을 데리고 기차로 청두(成都)로부터 우한(武汉)으로 가 6개월을 보냈다. 외삼촌은 늘 카메라를 들고 창장(长江)대교 부근으로 가서 우리에게 사진을 찍어주시곤 했다. 예전에 사진관에 가본 적은 있지만, 나에게 있어서 온 가족이 함께 찍는 사진이야말로 진정으로 의미 있는 사진이라고 여겼다. 외삼촌이 셔터를 누르면 '찰칵'하는 소리와 함께 우리 온 가족이 마법이라도 부린 것처럼 하나의 세계 속에 담겨졌다. 너무나 신기했다! 외사촌 형은 나를 암실로 데리고 가 현상액 속에서 천천히 모습을 드러내는 사진을 보여준 적이 있다. 그때부터 이 신기한 사진예술은 내 마음속에 뿌리를 내리기 시작했다.

어느 해인가 학교에서 "위협적인 호랑이 산을 지혜롭게 탈취하다(智取威虎山)"라는 연극을 하게 되었다. 원래는 내가 연극에서 양즈룽(杨子荣) 역을 맡게 되었는데, 후에 사냥꾼 배역으로 바뀌었다. 나는 누구보다도 열심히 연습했다. 매일 저녁 식사 후면 주방에서 큰 소리로 노래를 부르며 연습했다. 나는 지금도 그 가사를 기억하고 있다. "아침에도 기다리고, 저녁에도 기다렸습니다." 어머니는 노랫소리로부터 내가 연극을 좋아한다는 것을 알게 되셨다. 하지만 나에게는 아무것도 묻지 않으셨다. 아예 직접 후친(胡琴, 비파의 다른 이름 - 역자 주)을 사다 주셨다. 이 후친은 여러 해 동안이나 내 곁에 있어 줬다. 군에 입대할 때에도 나는 후친을 가지고 갔을 정도였다.
어른이 된 후에도 나에 대한 어머니의 이해는 계속 이어졌다. 한번은 동창생들이 집에 놀러왔는데, 우리는 꿈에 대해 이야기하게 되었다. 당시 나는 군대에 가고 싶다고 말했다. 그 후 어느 날 내가 집에서 한창 숙제를 하고 있는데 어머니가 급히 달려 들어오셨다. "샤오취안아! 지금 막 징병 통지서가 왔구나!" 나는 한 번도 어머니에게 군대에 가고 싶다는 얘기를 직접 한 적이 없었다. 하지만 어머니는 내가 영화나 연극에서 나오는 영웅을 아주 숭배한다는 것을 알고 계셨다. 어머니는 이렇게 소리 없이 나를 지지해 주셨다. 그때 어머니가 징병 소식을 알려주지 않았더라면 나는 그 때의 기회를 놓쳤을 지도 모른다.

어머니 덕에 나는 베이징의 량샹(良乡)에서 해군 항공병이 되었다. 이 직업은 나의 촬영 생애에 첫 단추를 끼우는 계기가 되었다.

군에 있는 6년 사이에 나는 4년을 하늘에서 날아다녔다. 하늘은 나에게 아주 특수한 시각을 부여해주었다. 어느 한 번은 동뻬베이(东北)에서 산시(山西)로 날아가게 되었는데 도중에 베이징을 지나가게 되었다. 8000미터 고공에서 본 베이징은 그다지 커 보이지 않았다. 옌산(燕山) 산맥으로 빙 둘러싸인 베이징 시는 바람만 불어도 사라질 것 같았다. 평소 나는 걸어서 중국미술관에 가 전시를 보기 좋아했다. 그때는 베이징이 아주 크고, 아주 멀다고 생각했었다. 하지만 고공에서 본 베이징은 완전히 다른 느낌이었다. 이 때부터 나에게는 거시적인 심리 구조가 생기기 시작했으며, 여러 가지 시각으로 세상을 봐야 한다는 관념이 생기게 되었다. 또 한 번은 하루 사이에 우한(武汉)시 상공과 창장(长江) 기슭, 시내 구역 세 곳에서 창장을 보게 되었다. 그런데 그 세 곳에서 본 창장은 완전히 다른 느낌이었다. 후에 내가 10년의 시간을 들여 한 프로젝트의 촬영을 해낼 수 있었던 것도 내가 객관적 심리 구조를 구축한 것과 관련된다고 할 수 있다.

이때 나는 카메라가 있어야 할 필요성을 느끼게 되었다. 하지만 나 같은 일반 병사가 수당을 모아 카메라를 산다는 것은 불가능한 일이었다. 하는 수 없이 아주 공식적으로 아버지에게 편지를 써서 카메라를 사고 싶다고 했다. 아버지는 내가 부대에서의 활약이 괜찮다는 것을 알고 계셨던지라 꿈을 이룰 수 있게 도와주겠다고 하셨다.

그리하여 180위안짜리 송금 통지서가 날아왔다. 그것은 아버지의 두 달 월급과 거의 맞먹는 돈이었다. 나는 지금도 그 녹색 송금 통지서를 기억하고 있다. 그 송금 통지서를 들고 나는 마음속으로 기쁘기도 하고 가책이 되기도 했다. 그것은 참으로 묵직한 느낌의 송금 통지서였다. 나는 169위안을 들여 내 인생의 첫 카메라를 샀다. 그때 나는 사진 촬영이 내 직업이 될 줄은 생각지도 못했고, 더구나 아버지와 어머니는 내가 사진 촬영을 직업으로 할 줄은 생각지도 못하셨을 것이었다. 그들은 다만 아무런 조건 없이 나를 이해하고 지지해주셨을 뿐이었다.

한 세대를 이해하다

부모의 이해와 포용은 나로 하여금 사진작가라는 세계에 들어서게 했을 뿐만 아니라, 더욱 중요한 것은 다른 사람의 말을 경청할 수 있도록 했다는 것이다. 이 점은 인물사진 사진작가에게 있어서 아주 중요한 품성이다.

사람과 사람 사이는 때로는 아주 요원하다. 안면부지의 사람이 내 앞에 찾아 왔을 때, 나는 되도록이면 부담스럽지 않은 분위기를 조성해서 담소를 나누게 했다. 이 과정에서 우리는 서로에 대한 진정성을 느끼게 된다. 그러면 긴장된 감정이 서서히 가라앉게 된다. 사진을 찍는 것은 우리가 모르던 데로부터 서로를 알아가는 과정이 되고, 의사소통을 통해 상호 이해하는 과정이 된다.

내가 아직 촬영 애호가였을 무렵, 한 친구가 나에게 잡지 한 권을 보내준 적이 있다. 그 잡지에는 미국의 시인인 에즈라 파운드의 사진이 있었다. 사진 속의 시인은 중절모를 쓰고 긴 옷을 입었는데, 지팡이를 짚고 오솔길을 걷고 있었다. 사진 아래에는 "모든게 너무 어렵고 힘들었어, 이제 난 일하고 싶지 않아, 이 해가 너무 늦게 찾아왔어"라는 작은 글씨가 쓰여 있었다. 그 사진을 보며 나는 커다란 충격을 받았다. 지식인의 외로움과 무기력감을 이해할 수가 있었다. 그때로부터 나는 중국 문학가들과 예술가들을 위해 이런 사진을 찍어야겠다는 생각이 들었다. 더 많은 사람들이 그들의 영혼을 이해할 수 있도록 해야 한다는 생각에서였다.

그러다가 얼마 안 되어 그런 사진들을 찍을 수 있는 기회가 생겼다. 당시 나는 청두(成都)에 있었는데 우연히 많은 예술가들의 사진을 찍게 되었다. 그들은 나를 전혀 경계하지 않았다. 1990년 9월 작가 싼마오(三毛)가 청두에 왔다. 첫날 우리는 호텔에서 만났다. 흰 셔츠를 입고 올림머리를 한 그녀는 아주 특별한 느낌을 주었다. 그녀는 나의 작품을 보더니 "이 사람들 사진을 아주 잘 찍었네요, 나도 좀 찍어주세요, 하지만 메탈릭(금속처럼 딱딱하게 보이게끔 한다는 뜻 - 역자 주)한 느낌은 싫습니다."라고 말했다. 이튿날 나는 사진들을 그녀에게 넘겨주었다. 그런데 그녀는 "샤오취앤 씨, 당신의 기술은 일류라는 건 알지만 이 사진 속의 사람은 싼마오가 아니네요"라고 하는 것이었다. 나는 아주 의아한 느낌이 들었다. 도대체 무엇이 잘못 되었는지 알 수가 없었다. 이때 그녀가 옷을 갈아입고 나왔다. 빈티지(낡은 패션의 옷 – 역자 주)를 입고 머리는 산발한 채로였다. 그녀는 언니가 이 같은 옷차림을 못하게 한다고 말했다. 그때 나는 왠지 모르게 꼭 그녀의 사진을 잘 찍어야겠다고 맹세했다. 난 꼭 좋은 사진을 찍어낼 수 있을 거라고 했다.

우리는 그날 오후에 다시 만나기로 했다. 집에 돌아오자 나는 그전에 사두었던 싼마오가 쓴 《사하라 이야기》를 꺼내 면을 먹으면서 책을 보기 시작했다. 그녀의 글은 마치 영화 장면처럼 화면감이 넘쳤다. 아주 훌륭했다. 오후에 우리는 강가에서 만났다. 나는 그녀에게 호세에 대해 물었다. 그녀는 너무 울어서 이제는 눈물도 다 말랐다고 말했다. 우리는 이야기를 하며 류인가(柳荫街)에까지 걸어갔다. 마침 햇빛도 너무 강렬하지 않았다. 한옆에는 숙제를 하는 아이들이 있는가 하면, 카드놀이를 하는 할머니들도 있었고, 헝겊신에 수를 놓는 할머니도 있었다. 키에는 고추를 담아 말리고 있었다. 전형적인 청두의 풍경이었다. 그녀는 대나무 의자 하나가 문에 걸쳐져 있는 것을 보더니 아예 신발을 벗어버리고 맨발로 바닥에 앉았다. 나는 쪼그리고 앉아 그녀를 위해 사진을 찍었다. 좁은 골목 안에는 지나다니는 사람들이 많았지만 누구도 불쾌한 내색을 하지 않은 채 조용히 바라보기만 했다.

돌아가는 길에서 싼마오는 내게 "샤오취앤 씨 고생스럽더라도 오늘 저녁까지 사진을 인화할 수 있을까요?"하고 물었다. 이튿날 나는 약속대로 그녀에게 사진을 가져다 주었다. 나는 싼마오에게 "이 사진이 아주 잘 나왔습니다. 구도와 인물의 정서, 그리고 스타일 등이 모두 나무랄 데가 없습니다."라고 말했다. 싼마오는 그 사진에서 눈길을 떼지 않은 채 "샤오취앤 씨, 이건 나무랄 데가 없는 게 아니라, 완벽합니다! 알고 있는지 모르겠지만, 나는 20대부터 혼자 가방을 메고, 단발을 한 채 세상을 떠돌아 다녔어요. 많은 세월이 흘렀지만, 나는 여전히 혼자에요, 얼마나 고집이 센 여자에요!"라고 말했다. 그녀는 나와 이듬해 여름에 다시 만나자고 약속했다. 아주 시원한 곳에서 만나 나는 사진을 찍고, 그녀는 글을 쓰기로 했다.

하지만 세상일이란 뜻대로 되지 않는 경우가 많다. 1991년 1월 4일 오전 나는 싼마오가 세상을 떠났다는 소식을 접하게 되었다. 후에 나는 싼마오의 사진들을 정리해 《천국의 새》라는 팸플릿을 냈다. 그것은 나의 첫 사진집이었다. 몇 년 후 나는 베이징에서 싼마오의 동생을 만났다. "샤오취앤 씨 당신은 우리 누나의 은인입니다. 누나의 일생에서 가장 좋은 사진은 당신이 찍었습니다."라고 그는 말했다. 그리고는 또 나와 싼마오가 함께 찍은 사진을 그녀가 자기 집 오두막에 붙여놓았다고 말했다. 그 옆에는 싼마오와 호세의 사진이 놓여 있다는 것이었다.

나와 싼마오는 원래 모르는 사이였지만, 사진작가와 피 촬영자 사이의 소통과 이해가 있었기에 우리 사이에는 묘한 감응이 생기게 되었다. 그녀는 나에게 "샤오취앤 씨 촬영 도중 우리 둘은 말을 거의 하지 않았잖아요, 그냥 감응 하나로만 사진을 찍은 것 같아요, 우리 둘은 뭔가가 통하는 게 있어요, 그렇지요?"하고 말했다. 텅 빈 암실의 붉은 등 아래서 그녀가 하던 이 말이 생각날 때마다 나는 그녀가 바로 옆에 있는 듯한 느낌이 들었다.

그러면 나는 그녀의 노래 〈올리브나무〉를 흥얼거렸다. "어디서 떠돌아다니느냐 고요, 떠돌아다니느냐 고요." 그때마다 나는 그녀가 보고 싶어진다. 비록 짧은 만남이었지만 우리는 서로 이해할 수 있는 친구였던 것이다.

나는 시인 스즈(食指)를 사진 찍은 적도 있다. 그때 함께 술을 마시며 그가 시를 낭송하는 것을 들었다. 나는 그의 시 낭송을 녹음해 두었다. 그 후 전시회에서 종종 그의 시 낭송을 참관자들에게 들려주곤 했다. 특히 역경에 처한 사람들이 그 시 낭송을 듣고 힘을 얻기를 바랐다.

나는 찬쉐(残雪)·왕안이(王安忆)와 함께 채소를 산 적이 있고, 공리(巩俐)가 상하이에서 이사하는 걸 도와준 적도 있다. 그 외에 장원(姜文), 더우웨이(窦唯), 양리핑(杨丽萍), 최이젠(崔健), 장이머우(张艺谋), 스톄성(史铁生) 등이 있다. 나는 그들과 친구가 되었고, 그들도 나를 친구로 여겼다. 나는 카메라로 이 세대 예술가들의 청춘과 이상을 기록하였던 것이다.

2012년 나는 배우 저우쉰(周迅), 감독 두자이(杜家毅)와 함께 유엔의 공익 프로젝트인 「2032, 우리가 기대하는 미래」를 만들었다. 우리가 촬영한 사람들은 대부분 베이징의 일반 시민들이었다. 그들은 겉보기에는 대단한 것 같지 않아 보이지만, 사실은 이 시대를 살아가는 특별히 중요한 일원들이며, 이 시대의 초상인 것이다. 사진을 찍으며 나는 그들의 정신적 풍모를 느낄 수가 있었다. 나는 사람들이 그 사진을 통해 이 시대를 이해할 수 있기 바란다.

가족을 이해하다

가족은 내가 찍은 사진을 별로 많이 보지를 못했다. 어느 한 번은 기자가 우리 집에 가 취재하며 아버지에게 "당신 아들은 대단한 사진작가입니다." 라고 말한 적이 있었다. 그때서야 아버지는 사진 촬영이 나에게 있어서 단순한 취미가 아니라는 것을 알게 되셨다.

1975년 열여섯 살 나던 해에 나는 처음으로 혼자서 초상작품 촬영을 완성했었다. 그때 촬영한 사람은 나의 할머니였다. 할머니는 글을 몰랐다. 그 날 나는 할머니에게 화보를 드렸다. 그리고 나서 사진을 찍었다. 할머니는 그 순간을 아주 즐기는 것 같았다. 2006년 나는 상하이에서 사진전시회를 했는데 그중에는 아름다운 여성들의 사진이 많았다. 그런데 한 관람객이 나에게 우리 할머니를 찍은 사진이 제일 좋다고 말했다. 아주 깨끗하고 소박하다는 것이었다. 니의 한 친구는 내가 그 후에 찍은 많은 사진들이 한 장도 할머니 사진을 뛰어넘은 게 없다고 말했다. 가족 간의 감정이란 아주 순수한 것이다. 나는 카메라를 통해 그들의 목소리와 외모를 영원히 기록하고 싶다.

2009년 부모님은 건강이 좋지 않았다. 나는 거의 모든 일들을 제쳐놓고 부모님을 모시는데 전념했다. 우리 남매 네 명과 아버지는 날씨가 좋을 때면 뇌혈전에 걸린 어머니를 모시고 산책을 나가곤 하셨다. 나는 카메라를 메고 나가서는 그들이 산책하는 모습을 촬영했다. 내가 찍은 사진들은 바로 내가 이해하고 있는 부모님의 모습이었다.

그들이 세상을 떠나고 나서 나는 사진 2장으로 그들에 대한 이해를 나타냈다.

내 렌즈 속의 어머니는 항상 웃고 계셨다. 어머니는 선량하고, 다른 사람들과 잘 친하셨다. 어머니는 공장장이었는데 자녀들은 물론, 동료나 부하, 심지어 불량배를 대함에 있어서도 모두 그녀만의 독특한 수완이 있었다. 사람들은 그녀의 관심이나 엄격함에 잘 따라줬다. 나는 어머니가 동료들과 함께 자전거를 타고 이야기하며 퇴근하는 장면을 많이 보아왔다. 시장에 채소를 사러 가서도 어머니는 만나는 사람들마다 다 재미있게 이야기를 나누셨다. 이야기하는 도중에 사람들과의 마음이 가까워지는 법이다. 어머니는 이해심이 깊은 분이셨다. 또한 그녀의 웃음은 전염성이 강했다. 내가 사람들과 가까워지기 좋아하고, 많은 사람들을 이해할 수 있었던 것은 어머니에게서 물려받은 것이다.

같은 날 나는 아버지에게도 사진을 찍어드렸다. 내가 알고 있는 아버지는 일생을 당당하게 살아오셨다. 아버지가 세상을 떠난 후 옛 부하가 우리 집에 찾아온 적이 있었다. 그는 우리에게 아버지가 어떻게 자신을 도와줬는지에 대해 이야기를 했다. 그때서야 나는 아버지가 다른 사람들에게 많은 관심과 사랑을 베풀었다는 것을 알게 되었다. 아버지는 우리를 매우 엄하게 대해주셨다. 하지만 우리에 대한 애정은 결코 조금도 부족함이 없었다. 나는 지금도 어릴 때의 그 일이 잊혀 지지 않는다.

어느 날 저녁 우리는 창장 대교에 갔다. 아버지는 나를 업은 채 강둑에서 걸었다.

우리 사이에는 별로 말이 없었다. 하지만 나는 지금도 아버지의 등에 업혔을 때의 그 따뜻한 느낌을 잊을 수가 없다.

어느 날 나는 외출 준비를 하면서 습관대로 어머니에게 뽀뽀를 해드렸다. 그리고 돌아서 나온 순간 아버지도 거실에 계시다는 것을 깨달았다. 나는 문을 열고 되들어가 아버지를 안아주고 뽀뽀를 했다. 이것은 우리 부자 사이에 있었던 유일한 친밀한 행동이었다. 아버지가 아직 말을 할 수 있고, 감각이 있을 때 안아주고 뽀뽀를 해 줄 수 있어 다행이라고 생각했다. 아버지의 80세 생신날 우리는 잠깐 동안이지만 단둘이 있을 기회가 있었다. "아버지, 걱정하지 마세요. 우리가 누에를 키운 적이 있지 않아요? 누에는 자라나 실을 토해서 집을 짓고, 그 안에서 잠을 자지 않나요? 그리고 나서는 그 집에 구멍을 내고 날아 나가잖아요. 그러면 또 새로운 생명이 시작되는 거예요." 나는 아버지에게 이렇게 말씀드렸다. 아버지는 조용히 나를 쳐다보시더니 "고맙다!"하고 대답하셨다. 그것은 아들과 아버지 사이의 대화가 아니라 두 남자 사이의 진심어린 격려였다.

1년 후 부모님이 돌아가셨고, 그들의 영정은 내가 찍은 컬러사진을 썼다. 그 사진은 내가 그들의 인생에 대한 이해를 담은 것이었다. 그것은 부모님 생전의 아주 평범한 한 순간을 담은 것이었다. 하지만 나는 평범한 장면이야말로 더 소중하고 더 박력감이 넘친다고 생각한다. 나의 형제자매들은 그 사진을 보고 부모님이 아직 살아계시는 것 같다고 말했다. 왜냐하면 그것은 우리 마음속에 자리 잡고 있는 부모님의 모습이니까 말이다. 그것은 생활 속 그들의 실제 모습 그대로였던 것이다.

-세월에 부쳐-
"많이 이해해 주고 소통해야 한다"

어머니가 나에게 하신 말씀 중에 아주 평범하지만 인상 깊은 것이 있다. 소학교 1학년 때 하루는 수업이 끝난 후 탁구공 하나가 내 발밑에 굴러들어 왔다. 나는 아주 신기하게 느껴져 주워서 주머니에 집어넣었다. 사실 그때는 그냥 재미로 주워 넣었을 뿐이었다. 당시 우리 집은 비교적 부유한 편이었다. 집에 돌아간 나는 이 일을 어머니에게 말씀드렸다. 어머니는 나를 때리지도 욕하지도 않으셨다. 어머니는 내 성격을 잘 알고 계셨다. 우격다짐으로는 나를 설득할 수 없다는 것을 알고 계셨던 것이다. 어머니는 "좋아하는 게 있으면 엄마에게 말해라, 사줄 테니까."하고 말씀하셨다. 그 한 마디에 나는 순간 눈물을 흘리고 말았다. 그 후부터 어머니는 늘 약속대로 내가 원하는 것이면 다 해주셨다.

아버지도 마찬가지셨다. 내가 후에 축구를 좋아하자 아버지는 나에게 공을 사주셨다. 또 내가 그림 그리기를 좋아하자 화판도 사주셨다. 부대에 있을 때 나는 칠판 그림을 잘 그렸다. 내 남동생이 바이올린을 좋아하자 부모님은 그에게 바이올린을 사주셨다. 부모님은 언제나 "많이 이해해 주고 소통해야 한다"고 말씀하셨다. 그들은 바로 그렇게 하셨고, 나는 그 영향을 많이 받아왔던 것이다.

내가 부모님께 드리고 싶은 말은, "아버지, 어머니, 저는 당신들이 그쪽에서 잘 보내시고 계시리라 믿습니다. 당신들은 지금도 저를 걱정하고 계시겠

173

죠, 사실 저는 아주 잘 보내고 있습니다. 아버지가 과거에 말씀하신 것처럼 좋아하는 일을 하고 있습니다.

이 몇 년 동안 저는 끊임없이 사진을 찍고, 전시회를 열었습니다. 이것이 바로 제가 좋아하는 일입니다. 어머니는 저에게 이해의 중요성을 알게 해주셨습니다. 이 점은 제가 하는 일과, 저의 생활에 아주 유익합니다. 저는 어디로 가든 진심어린 친구를 사귈 수가 있습니다. 또한 많은 사람들이 저를 받아주고 좋아합니다. 그리고 많은 낯선 사람들이 사진관으로 찾아옵니다. 저는 소통과 이해를 통해, 그들을 진정으로 존중하게 됩니다. 그리하여 항상 좋은 초상작품을 만들어 낼 수 있습니다. 이 모든 것은 당신들이 저에게 준 품성이고 제 생명에서 가장 귀중한 것입니다."

아버지! 어머니! 저는 제 미래의 아이가 남아든 여아든 '초상'이라는 이름을 지어주겠다고 말씀드린 적이 있습니다. 저는 아이들도 저처럼 사람들을 이해하고 가정을 이해힐 수 있기를 비랍니다.

아버지! 어머니! 두 분은 이 세상에서 저를 가장 잘 이해해주신 분들입니다. 당신들은 저를 따뜻하게 사랑해 주셨고, 많은 응원을 해주셨습니다. 그리고 지금도 저와 함께하고 계십니다.

고맙습니다, 우리 집!

5
왕랑(汪朗)

산문작가, 미식가, 베테랑 언론인.

왕랑의 아버지 왕쩡치(汪曾祺)는 중국 당대의 작가이고, 산문가이며, 연극가로서 베이징파(京派) 작가의 대표적인 인물이다. 그의 작품은 삶을 미화하는 것을 원칙으로 했으며, 맛깔 나는 생활을 추구했다.

식사합시다

-이야기-
상하 차별이 없다

나의 아버지는 비교적 부유한 가정에서 태어났다. 그의 부친은 교양 있는 지주였는데 아버지에게 아주 큰 영향을 주셨다. 아버지에게 고문, 서예, 그림 그리기를 가르쳤을 뿐만 아니라, 아주 평등하게 대해주셨다. 그리하여 아버지도 우리를 평등하게 대해주셨다.

아버지는 장자커우(張家口)에서 노동 개조를 한 적이 있었는데, 집에는 편지로 연락하곤 하셨다. 그때 나는 소학교 1학년이었고, 아는 한자가 모두 몇 자 되지 않는 그런 때였다. 그래서 병음(발음기호로 표기함 - 역자 주)으로 아버지에게 편지를 써 보내야 했다. 그런데 아버지는 병음을 배우신 적이 없었다. 덕분에 나에게 답장을 보내기 위해서 아버지는 진지하게 병음을 배우셔야 했다. 아버지는 "다년간의 부자가 형제로 되다"라는 글을 쓰신적이 있다. "다년간의 부자가 형제로 되다"라는 말은 아버지의 아버지가 한 말씀이라고 한다. 그는 이 글에서 "현대적이고, 인정미가 넘치는 가정이라면, 우선 상하차별이 없어야 한다. 부모는 경외심을 불러일으켜야 하고, 자녀는 붓대처럼 곧아야 하는 가정이 제일 재미없다'고 썼다. 그러므로 가정에서 우리는 상하차별이 없었고, 아버지를 형제처럼 대했다. 아버지가 60세를 넘기자 어머니가 제일 먼저 그를 '영감'이라고 부르기 시작했다(하지만 어머니는 '노친 네'라고 불리는 걸 거부했다). 후에 우리도 그렇게 따라 부르기 시작했는데 심지어 손자뻘도 그렇게 불렀다. 아버지는 그렇게 불리는 걸 달가워하시는 듯싶었다. '영감'이라고 부르면 곧바로 대답하셨기 때문이다.

'영감'은 글을 쓰시면 우리에게 보어주셨고, 우리는 글을 보고 나면 곧바로 비판을 했다. 이건 조금도 체면을 봐주지 않는 진짜 비판이었다. 문자에 대해서는 우리가 잘 모른다고 쳐도, 내용에서는 부적절하다고 생각되면 꼭 지적하곤 했다. 심지어 아주 호되게 말하는 경우도 있었다. 학교에 다니는 손녀마저 할아버지의 글을 비판했다. 선생님이 소학생들에게 좋은 글귀를 옮겨 쓰라고 하자, 손녀는 할아버지의 책들을 뒤져보았다. 그리고는 "할아버지의 글들은 그저 그러네요, 좋은 글귀가 없다는 말이에요."라고 투정을 부렸다. 게다가 그 애의 외사촌 여동생마저 "주제가 뚜렷하지 못해요, 골목을 쓰다가 또 배추를 쓰고… 우리 선생님 같으면 이런 글은 기껏해야 아류정도의 글이라고 할 거예요."라고 했다. 그런데 '영감'은 오히려 웃으시며

"그래 잘 말했다, 확실히 좋은 글귀가 없구나."하고 대답하시는 것이었다. 그가 글에서 추구하는 풍격이 바로 좋은 글귀가 없다는 것이었다. 그는 손녀가 비판한 것이 바로 자신이 추구하는 최고의 경지라고 생각하셨던 것이다. 아버지는 자신의 작품을 비교적 객관적으로 평가했다. 한편으로 "나의 작품은 주류가 아니고, 또 주류가 될 수도 없다" 즉 톱에 오를 수는 없다고 하면서도, 다른 한편으로는 스스로를 높이 평가했다. 그때 우리는 아버지가 쓴 글들이 주류가 되지 못한다고 생각해 툭하면 놀려드리곤 했다. 한 번은 그가 다소 화를 내면서 농담 반 진담 반으로 "너희들은 날 좀 점잖게 대해줘야 하는 게 아니냐? 이래 봬도 난 앞으로 문학사에 길이 남을 사람이야"라고 하셨다. 그러자 여동생이 "잘난 척하지 마세요!"고 톡 쏘아버렸다. 아버지는 그 말을 듣고 화를 내시지는 않았지만 의기소침해서 마음을 잡으려는 듯 자기 방으로 들어가 버렸다. 그러고는 한참이 지나자 또 나오셔서 우리들과 계속해서 한담을 나누셨다.

아버지는 원래 우리를 간섭하지 않으셨으며 우리의 선택을 존중해 주셨다. 그럼 아버지는 우리가 무슨 일을 했으면 좋겠는지, 무슨 일은 하지 말았으면 좋겠는지 전혀 생각해 보신 적이 없었다는 것일까? 그렇지는 않으셨던 것 같았다. 다만 우리가 문학 창작만은 안 하는 게 좋겠다고 하셨다. 아버지는 "너희들은 문학이라는 이 나무의 벌레가 될 수가 없어. 너희들은 문학이라는 나무를 갉아먹을 능력이 없거든. 그러니 다른 일들을 하거라"라고 말씀하셨다. 나는 신문업에 종사하는데, 내가 쓴 것을 아버지에게 보여드릴 엄두도 내지 못한다. 아버지 또한 보려고도 하지 않으셨다.

가사를 담당하는 남자

우리 집 '영감'은 산문가인 동시에 또 미식가라는 타이틀이 있다. 왜냐하면 중국의 미식에 관한 글을 많이 쓰셨기 때문이다. 우리 집은 대부분의 가정과는 달리 여자가 바깥일을 하고 남자가 집안일을 한다. '영감'은 줄곧 집에서 채소를 사들이고 밥을 하셨다. 하지만 요리 수준은 글을 쓰시는 것보다 훨씬 못했다. 아버지가 쓰신 글을 보고 특급 요리사인가 하고 생각할 지도 모르겠지만 그건 절대로 아니다. 단지 음식을 만드는데 취미가 있으시고, 아주 진지하게 만드시는 것만은 사실이다.

아버지는 무슨 일을 하시든 아주 진지하게 하신다. 글을 쓰실 때만 진지하신 것이 아니라 음식을 만드실 때도 아주 진지하셨다. 가장 중요한 것은 요리를 만들면서 삶의 맛을 찾고 생활의 기쁨을 누리셨다는 점이다. 아버지는 "밥을 짓다(做饭)"라는 글에서 이렇게 쓰셨다 "낯선 곳에 가면 어떤 사람들은 백화점 쇼핑을 즐기고, 또 어떤 사람들은 서점을 찾는다. 하지만 나는 오히려 야채시장에 가는 게 좋다. 산 닭과 오리, 싱싱한 과일과 채소, 새빨간 고추, 그리고 시끌벅적 붐비는 분위기 속에서 삶의 즐거움을 느끼게 되기 때문이다." 아버지가 음식에 대한 글을 쓰시기 좋아하셨던 이유는 "삶이란 결국 따뜻한 밥 한 그릇일 뿐이다(四方食事, 不过一碗人间烟火)"라는 생각에서 기인된 것이었다.

누군가 말하기를 "삶을 열렬히 사랑하는 사람은 모두 미식을 탐한다"고 했다. 이 말이 아버지에게는 매우 적절한 것 같다.

1960년대와 70년대에는 생활용품이 부족했다. 특히 설맞이 물건을 준비할 때면 '영감'은 우리들을 이끌고 가서는 아이들마다 줄을 서게 했다. 그때 베이징에서는 겨울이나 명절이 되면 남방으로부터 여주,[15] 갓, 아스파라가스, 히카마,[16] 황부추 등 희귀한 채소들이 들어왔다. 그때마다 아버지는 그걸 사다가 요리를 만들어서 맛을 보시곤 했다. 우리 집은 아마도 베이징에서 가장 일찍 여주, 갓 등을 먹어봤을 것이다. 많은 사람들이 이런 채소를 요리할 줄 몰랐으므로 '영감'은 그들에게 요리법을 설명해주셨다. 아버지는 원래 여주를 드시지 않았음에도 "나는 먹지 않는 음식이 없다"고 허풍을 떨었으므로 사람들이 특별히 아버지에게 여주 요리를 대접한 적이 있었다. 여주 요리를 드시게 하도록 압력을 가했던 것이다.

그 후에 아버지는 이 일을 들어 우리에게 "남쪽 사람들은 단 음식을, 북쪽 사람들은 짠 음식을, 동쪽 사람들은 매운 음식을 서쪽 사람들은 신 음식을 좋아하니 모두 맛봐야 한다"고 교육하셨다. 왜냐하면 생활 자체가 다채롭기 때문에 고정관념과 낡은 안목으로 외래 사물을 판정해서는 안 된다는 것으로 뭐든지 시도를 해 봐야만 그것이 좋은지 안 좋은지, 받아들일 것인지 받아들이지 말 것인지를 알 수 있다는 것이었다. 이것 또한 아버지의 문학 창작의 원칙이기도 했다.

---

15) 여주: 실타래 모양으로 길쭉한 방추형이고 가운데가 넓으며 양쪽 끝이 뾰족하고 표면에 우둘투둘한 사마귀 같은 돌기가 많다.
16) 히카마: 멕시코 감자인 얌빈을 말함.

취사선택과 미화

'영감'의 생활 준칙과 창작 원칙의 하나는 생활을 미화하는 것이었다. 다른 말로 표현한다면 생활에 대해 취사선택을 해야 한다고도 말할 수 있을 것이다. 아버지는 개인 혹은 가정이라는 입장에서 말하면, 삶에는 확실히 여의치 못한 일들이 많을 수가 있지만 좋은 일들도 많고, 또한 이 좋은 일들을 돌이켜보고, 음미하고, 즐길 수 있는 정도로 늘 힘들었던 일만 생각할 필요 없이, 세상의 아름다운 일에 더 많은 관심을 가진다면 더 기분 좋고 재미있고, 우아하게 살 수 있다고 보셨다. 마치 나무 혹은 꽃송이로 비유한다면, 잎이 시들었거나 꽃이 지었다고 해도 반드시 화려했던 과거가 있었던 만큼 그 아름다웠던 한때를 많이 생각하는 것이 좋지 않겠느냐는 것이었다. 이것이 아버지가 생활을 대하는 태도였다고 할 수 있다.

아버지는 친구에게 겨울국화를 그려준 적이 있었다. 이 그림의 뜻은 예전에 아버지기 지으신 시 "가지 위에 국화 한 송이가 아직 남아 있으니, 가을 풍경 즐기며 겨울을 나세나(枝头残菊开还好, 留得秋光过小年)"를 그림에다 옮겨 놓으셨던 것이다.

1958년부터 1962년 사이에 아버지는 노동 개조를 받으셨다. 하지만 종래 힘들다는 말은 하지 않으셨다. 오히려 마대를 메고 시골의 발판을 건넜다고 자랑하셨다. 그때 농촌의 재래식 곡식창고는 보루처럼 지었기에 흔들거리는 발판을 건너야 했다. 그 발판은 너무나 휘청거려 건너기가 쉽지 않았다. 자칫하면 허리를 삐거나 혹은 발판 아래로 굴러 떨어질 수 있었다. 아버지는 어려서부터 운동을 잘하지 못하셨다.

서남연합대학에서도 체육수업에서 학점을 받지 못해 졸업을 못했다. 그럼에도 불구하고 아버지는 "다른 사람이 할 수 있는 일이면 나도 할 수 있다"고 각오를 다지시고 마흔의 나이였지만 이를 악물고 240근이나 나가는 녹두 한 마대, 혹은 170근 나가는 밀 한 마대를 메고서 발판을 건너 곡식창고에 내려놓으셨던 것이다. 나도 농촌에 내려가 일할 때 마대를 메어 본 적 있는데, 평지에서 180근 짜리를 멜 수는 있었지만 그걸 메고 위로 올라가는 일만은 안 되었다. 아버지는 마대를 멜 수 있으면 모든 걸 이겨낸 것이고, 결국은 승리자가 된 것이라고 생각하셨다. 이것을 두고 아버지는 "환경에 적응하는 것"이라고 말씀하셨다. 어떠한 상황에 처하든 거기에 적응할 수 있어야만 생존할 수 있다는 것이었다. 그는 「포도월령(葡萄月令)」이라는 작품에서 "포도는 매달 자신의 모습을 변화시키며 기후에 적응한다. 날씨가 어떠하든 내년에도 반드시 싹을 틔워야 하기 때문이다"고 쓰셨다.

어느 한 해 겨울에 아버지는 다른 사람들과 같이 장자커우(張家口)시의 공중변소에 인분을 나르러 간 적이 있으셨다. 어머니가 아버지에게 "구린내가 심하지 않았어요?"라고 물으시자 "괜찮아!"라고 대답하셨다. 겨울이어서 인분이 얼었기에 기껏해야 옷에 튀긴 얼음 부스러기를 털어버리면 그만이라고 했다. 구린내가 나지 않았다고 말했다. 그는 아주 평온하게 별로 고생하지 않은 듯이 말했을 뿐만 아니라 오히려 기분이 좋았다는 듯이 말씀하셨다. 아마 색다른 경험을 한 것이라고 생각하신 것 같았다.

당시 사람들은 우파(右派)에 대한 글을 쓸 때면 대부분 아주 비참하게 묘사했다. 아버지도 「외로움과 따뜻함」이라는 글을 쓰신 적이 있다. 이 글에 나오는 우파는 외로우면서도 따뜻함을 느낀다. 우파로 몰린 후 곳곳에서 사람들의 관심을 받아 따뜻함을 느꼈다는 내용이다. 나는 아버지에게 다른 사람들의 느낌과 완전히 어긋나서는 안 된다고 의견을 제시했다. 아버지도 이 말에는 논쟁하려 하지 않으셨다. 하지만 원고를 여섯 번이나 고쳤음에도 그 논조는 변하지를 않았다. 아버지는 바로 그런 사람이셨다. 마치 파벨 콜차긴이 말한 것처럼 "하늘은 푸르기만 할 수는 없고, 구름도 희기만 할 수는 없다. 하지만 생명의 꽃은 언제나 아름답다"는 것과 마찬가지였던 것이다. 즉 아버지의 스승이신 선충원(沈从文) 선생의 "삶에 냉소적이어서는 안 된다"는 가르침을 명심하고 계셨던 것이다.

아버지가 세상 뜨신 후 출판된 선집은 200여 가지나 된다. 아버지가 살아 계실 때에는 겨우 20여 종만 출판되었다. 사람들은 이를 아주 특이한 현상이라고 했다. 량원다오(梁文道) 선생은 아버지의 글을 "알맞게 잘 쑤어진 흰죽 같다"고 했다. 아버지의 생활태도와 문학 창작을 대하는 태도가 그 같은 글을 쓰시게 된 것이라고 나는 생각한다. 아버지는 주로 현실 속의 아름다운 것들을 글 속에 담으시려 했다. 그밖에 생활 리듬이 빨라진 요즘상황이기에 아버지의 작품이 환영받는 것은 아닌가 하는 생각도 든다. 사람들이 항상 긴장상태에 있으므로 생활 속의 아름다움을 담은 글이나 느긋한 내용의 글을 읽으면 신경을 이완시킬 수 있기 때문이다.

-세월에 부쳐-

식사합시다

우리 집 '영감'이 자주 하신 말씀은 아주 평범한 것인데 바로 "식사합시다"라는 말씀이었다. 아버지는 일흔을 넘기셨어도 밥을 지으셨다. '영감'은 음식을 상에 차려 놓고는 "식사합시다"하고 소리치시곤 하셨던 것이다.

나와 아버지는 공동으로 《살아 있을 때는, 살맛이 나야지(活着, 就得有点滋味儿)》라는 책을 쓴 적 있다. 이 책은 제목부터 '영감'의 생활태도를 잘 보여주었다고 생각한다. 아버지는 확실히 "삶은 살맛이 나야 한다"고 생각하셨다. 뿐만 아니라 신맛, 단맛, 쓴맛, 매운 맛 중에서 그래도 단맛이 쓴맛보다는 많다고 생각하셨다.

전체적으로 말하면, 아버지의 생활태도와 처세술은 두 마디로 요약할 수 있다. 하나는 성실하게 일하는 것이고, 다른 하나는 평등하게 사람을 대하는 것이었다. 아버지는 무슨 일이든 아주 진지하게 했으며, 대충대충 하는 경우가 매우 적었다. 아버지는 사실 자부심이 매우 강한 사람이었다. 하지만 악담은 절대 하지 않으셨다. 아버지는 다른 사람들의 문학적 성취 혹은 평판 기준에 있어서, 쉽게 칭찬하지는 않으셨지만, 작가 본인에 대해서는 아주 진지하게 대했으며 누가 더 잘한다는 말씀은 절대로 하지 않으셨다.

나는 딸에게 "우리는 '영감'과 같은 문학적 재능은 없지만, '영감'의 생활태도는 따라 배울 수 있지 않겠니?"하고 말해주고 싶다.

고맙습니다, 우리 집!

6
쉬산쩡(徐善曾)
- 예일대학교 공학박사-

쉬싼쩡의 조부 쉬즈모(徐志摩)[17]는 중국의 저명한 현대 시인이고 산문가였다. 1919년 쉬즈모는 콜롬비아대학 경제학부에서 재학하는 기간 정치, 노동자(인부), 문명 등 문제에 주목했으며, 「중국 여성의 지위를 논함」이라는 졸업논문에서 중국 여성에 대해 긍정적으로 평가했다. 1921년부터 1922년 영국에 있는 기간 동안 쉬즈모는 여러 가지 사상 유파들을 폭넓게 접하면서 이상주의 정치 관념과 사회이상을 형성했다. 그리하여 "교육할 수 없는 개인주의자"의 길을 가게 되었으며, 작품 속에서 "심령혁명의 노조(怒潮, 세차게 밀어닥치는 바닷물 - 역자 주)"를 그려냈다.

얘, 그가 네 친척이니?

---

17) 시즈모(徐志摩) : 저장성[浙江省] 하이닝[海寧] 출생. 상하이[上海]의 후장[滬江]대학과 베이징대학교에서 배우고, 미국과 영국에 유학하였다. 귀국 후 각 대학에서 교편을 잡으면서 시인으로서 많은 작품을 썼으며, 원이둬[聞一多]와 함께 중국 현대시의 개척자가 되었다. 1924년에 인도의 시인 R.타고르가 중국을 방문하였을 때 통역을 맡았고, 타고르 소개에 공헌하였다. 1928년에는 후스[胡適]·량스추[梁實秋]·원이둬·뤄룽지[羅隆基] 등과 함께 신월파(新月派)를 조직하였다. 1931년 8월 비행기 사고로 갑자기 죽었다. 시집에 《피렌체의 일야(一夜)》 《즈모[志摩]의 시》 《맹호집(猛虎集)》 등이 있고, 서간집 《애미소찰(愛眉小札)》, 일기 《즈모일기》 등이 있다.

만난 적이 없는 사람

상하이 이민자 가정 출신인 나는 어린 시절 뉴욕 퀸스에 있는 작은 집에서 자랐다. 갓 미국에 갔을 때 우리는 생활이 어려웠다. 누나들은 모두 어머니가 직접 만든 옷을 입어야 했다. 어릴 때 나는 신문배달을 한 적도 있다. 어려운 생활에도 불구하고, 아버지와 어머니는 우리가 열심히 공부하고 근면한 사람이 되기를 바랐다. 그리하여 우리 집 사람들은 모두 학술적으로 성과를 낼 수 있었다.

우리 집 식당에는 1920년대의 할아버지 사진이 걸려 있었다. 나는 그 사진 앞을 수도 없이 많이 지나갔지만 그때마다 당혹감을 금할 수 없었다. 사진 속의 그는 평범한 실크 소재의 스탠 재킷에 둥근 안경을 쓰고 있었는데, 나는 매일 티셔츠와 청바지를 입었다. 나는 가끔 그 사진 앞에 서서 안경 너머의 그와 이야기하는 장면을 상상했다. 가족과 친구들은 모두 나를 "쉬즈모의 손자"라고 소개했지만 사실 나는 그에 대해 아는 것이 매우 적었다. 나는 할아버지가 도대체 어떤 사람인지 궁금했다.

1964년의 어느 날 미시간대학에 다니는 나는 급우로부터 전단지를 한 장 받았다. 거기에는 캘리포니아대학 버클리 캠퍼스의 동양어과 버치 교수가 강연을 한다고 쓰여 있었다. 버치 교수는 미국의 이름난 한학자인데 중국 명대의 희곡을 번역한 것으로 유명하다. 특히 그는 최초로 '모란정(牡丹亭)'을 번역한 미국인이다. 그의 강연 제목은 쉬즈모와 영국의 유명한 시인 토

마스 하디와의 관계에 관한 것이었다. 그 친구는 내가 쉬즈모와 같은 성씨인 'HSU'인 것을 보고 "야, 그가 네 친척이니?"고 말해서 모두들 박장대소를 했다. 친구는 다만 농담을 한 것일 뿐인데 내가 진짜로 쉬즈모와 관련이 있을 줄은 생각지도 못했던 것이다. 그때 나는 할아버지가 단순히 우리 집 사진 속의 할아버지인 것만은 아니라는 걸 느꼈다. 그래서 뉴욕도서관에 가 쉬즈모의 책을 찾았으나 아무것도 없었다.

그리하여 어느 날부터인가 나는 그를 찾기 위해 세 대륙을 돌아다녔다. 이러한 경험들은 나에게 깊은 인상을 남겼다. 아래에 그중 세 가지 사연을 이야기하고자 한다.

첫 번째 사연은 일본에서 겪은 일이다. 한 일본인 교수가 나를 데리고 어느 한 박물관에 갔었는데, 거기서 나는 30초짜리 영상을 본 적이 있다. 1940년 쉬즈모가 타고르, 그리고 일본인들과 교제하는 내용이었다 영상 속에서 쉬즈모는 타고르에게 문을 열어주고 있었다. 그 영상은 나에게 깊은 인상을 남겼다. 그것은 내가 처음으로 할아버지의 모습을 본 것이었다.

두 번째는 인도에서 있은 일이다. 2012년 나는 캘커타 북쪽에 있는 한 대학에 갔다. 재미있는 것은 그곳에서는 많은 사람들이 중국어를 공부하고 있었다는 점이었다. 아마도 나의 할아버지의 영향을 받은 것 같았다. 쉬즈모는 중국과 인도의 문화교류를 위해 긍정적인 역할을 하였다.

세 번째는 프랑스 교수와 관련된다. 당시 그는 우리를 데리고 지난(济南)

에 갔었다. 그곳은 쉬즈모가 비행기 사고를 당한 곳이었다. 할아버지가 사고를 당했다는 장소에는 묘비가 2개 있었다. 나는 그 묘비 앞에 서서 과거 그곳에서 발생했을 일들을 상상해 보았다.

2014년부터 케임브리지에서는 해마다 시 축제나 예술축제와 같은 쉬즈모 기념행사를 해 왔다. 케임브리지는 아주 특수한 곳이다. 그 곳에 갈 때마다 심후한 문화적 깊이 및 그 배후의 의미를 느낄 수 있었다.

할아버지를 찾는 과정에서 나는 중국 사람들이 그에 대해 아주 흠모하고 숭배한다는 것을 알게 되었다. 나는 비록 한어(중국어)를 구사할 줄 모르지만, 그동안의 경험이 없었더라면 할아버지가 살아왔던 그 시대의 역사에 대해 이렇게 상세하게 이해할 수 없었을 것이다. 바로 이러한 과정을 통해 나는 중국문화, 중국의 가치관과 중국 사회의 여러 가지에 대해 깊이 이해할 수 있었던 것이다.

낭만적인 몽상가

할아버지 '찾기'와 많은 학자들과의 교류를 통해, 특히 이번에 베이징에 다시 온 것 등을 통해 나는 할아버지와 점점 더 가까워졌으며 그의 복잡한 일면을 더 잘 이해할 수 있게 되었다. 그가 문학작품에서 보여준 것들, 그의 시적이면서도 아이처럼 순수한 신앙 등을 통해 나는 할아버지가 이상주의 색채로 충만 된 사람이라는 것을 느낄 수 있었다.

여기서 무지개에 관한 이야기를 하고자 한다. 1921년 쉬즈모는 킹스 킬리지에 재학 중이었다. 그러던 어느 날 갑자기 큰 비가 쏟아져 내렸다. 쉬즈모는 다급히 친구들의 기숙사 문을 두드리며 감격에 젖어 소리쳤다. "이보게들, 나와 같이 무지개를 보러 가지 않겠나?" 친구들은 무지개를 보러 가지 않겠다고 하면서 쉬즈모에게 들어와 비를 피하라고 했다. 함께 가려는 사람이 없자 쉬즈모는 곧장 혼자 가버렸다. 여러 해가 지난 후 린훼이인(林徽因)은 쉬즈모에게 확실히 그런 일이 있었느냐고, 무지개를 보았느냐고 물은 적이 있었다. 쉬즈모는 당연히 무지개를 보았다고 확고하게 말했다. 이것이 바로 시이고, 시적인 신앙이 아닌가. 이처럼 광기에 가까운 추구는 그가 이상주의자일 뿐만 아니라 운명에 대해 전적으로 확신하고 있음을 말해준다. 또한 그가 믿음과 시적인 신앙으로 충만 되어 미래를 확신하고, 자신이 내린 결정을 확신하는 사람이라는 것을 알 수 있다.

그의 이상주의는 또 그의 애정관에서도 체현되었다. 그는 자유연애를 믿었고 중매결혼을 거부했다 마치 그가 시에서 묘사한 것처럼 "망망한 인파 속에서 나의 유일한 영혼의 반려를 찾을 것이다. 찾으면 다행이고 찾지 못하면 운명이다"라고 한 것과 같다. 그는 특히 중국에서 유토피아사회를 건립할 수 있기를 바랐다. 이러한 것들은 그가 이상주의 색채가 가득한 사람이라는 것을 증명해준다.

나는 나 자신이 할아버지의 사랑에 대한 신념을 이어받았다고 생각한다. 다만 나는 할아버지에 비해 행운아일 뿐이다. 나는 결혼 상대를 자유로이 선택할 수 있었고, 강제 혼인의 속박도 받지 않았다. 나와 아내의 만남은 아주 로맨틱하다. 우리는 모두 네 번 데이트하고 바로 약혼했다. 이건 아마 할아버지의 유전일 수도 있고, 또 나의 운명일 수도 있다. 아내는 내 인생에서 특별히 중요한 사람이다. 유감스럽게도 할아버지는 나와 같은 행운을 갖지를 못하셨다.

재미있게도 딸도 나와 함께 쉬즈모를 '찾는다'는 점이다. 1920년대 할아버지는 학생시절에 벌써 중국 여성의 지위에 관한 졸업 논문을 쓰셨다. 90여 년 후 그의 영향을 받아, 나의 딸 원츠(文慈)도 졸업 논문에서 21세기 첫 10년 동안의 중국 도시여성의 사회적 지위에 대해 연구했다는 점이다. 딸은 나와 함께 쉬즈모의 발자국을 찾아가는 과정, 과거 중국 여성들이 직면했던 문제들이 지금도 다소간 여전히 존재하고 있음을 발견했다. 그리하여 딸은 이 같은 논문을 쓰게 되었던 것이다. 딸은 영화와 관련된 직업에 종사하는 여성, 여성의 가정 관계 및 여성의 사회적 지위에 대해 관심을 가지고 있다. 딸의 이상은 몇 년 후 쉬즈모에 관한 특집을 만드는 것이다.

-세월에 부쳐-

얘, 그가 네 친척이니?

쉬즈모는 시인이고 지식인이다. 나의 아버지는 엔지니어이고 나도 이공계가 전공이다. 우리는 완전히 다른 사람이다. 하지만 지금 누군가 나에게 "얘, 그가 네 친척이니?"고 묻는다면 그에 대해 더 자세히 소개할 수 있게 되었다. 중국 사람들은 쉬즈모에 대해 잘 알고 있다. 많은 중국 사람들의 쉬즈모에 대한 숭배와 경모에 대해 이해하게 되면서, 나는 쉬즈모의 잘 알려지지 않은 이야기들을 소개하려고 마음먹게 되었다. 또한 더 많은 외국 사람들에게도 쉬즈모에 대해 알리고 싶었다. 그리하여 나는 영문으로 할아버지에 관한 책을 썼다. 점점 더 많은 사람들이 쉬즈모에 대해 관심을 가지고 있는 만큼, 나도 쉬즈모의 정신적 부를 더 널리 전파하려고 생각한다.

어떻게 보면 나는 운이 좋은 사람이다. 사업의 성공과 아내의 도움으로 나는 지금 일부 대학에 기부금을 낼 수 있게 되었으며, 도움이 필요한 많은 사람들을 도울 수 있는 능력을 갖추게 되었다. 사실 이러한 전통은 줄곧 우리 가정에서 이어져 왔다. 나의 증조부 세대와 나의 할아버지, 나의 누님들, 그리고 우리에게 이르기까지 모두 줄곧 자선사업을 해왔다. 다른 사람을 돕는다는 것은 어떤 의미에서 말하면 역시 이상주의의 체현이라고 생각한다. 우리 가문의 공익사업에 대한 투입은 증조부 세대로부터 말해야 할 것이다. 나의 할아버지가 문학을 통해 가난한 사람들에 대한 관심을 표현했다면, 나의 누님은 중국의 학교에 기금회를 설립하는 것으로써 공익사업을 해왔으며, 니와 이내도 많은 공익사업을 해왔다. 나는 딸두 공익사업에 투신해 더 많은 사람들을 도울 수 있기를 바란다.

할아버지는 내가 태어나기 15년 전에 돌아가셨지만, 그는 줄곧 나를 감화시켜 왔다. 지금 생각해 보면, 그의 일생은 나로 하여금 인생의 의의에 대해 알게 했다. 할아버지를 '찾는' 과정에서 내가 알게 된 쉬즈모는 그 어느 책에서 해석한 것보다도 훨씬 더 많다. 매번 그가 다녀간 족적을 따라 걸을 때마다 나는 그의 깊이와 세계관, 그의 아픔과 인생 여정에 대해 더 깊이 이해하게 되었다. 그의 인생 이야기와 탁월한 추구는 나의 영원한 등불이 될 것이다.

나는 딸에게 이렇게 말하고 싶다. "나는 네가 내면의 진실한 염원에 따르며, 선택에 용감하기를 바란다. 또한 꿈에 충실하고 그 꿈을 위해 영원히 타협하지 않기를 바란다. 나는 네가 증조부를 영원히 기억할 수 있기를 바란다. 그의 아픔과 이상에 대해 영원히 기억할 수 있기를 바란다. 그의 어려웠던 선택과 비범한 용기, 놀라운 재능 그리고 짧았던 인생은 그의 작품을 읽는 모든 독자들에게, 그의 인생 이야기를 알고 있는 모든 친구들에게 영원한 등탑이 되어 줄 것이다."

고맙습니다, 우리 집!